商务印书馆文库
THE COMMERCIAL PRESS LIBRARY

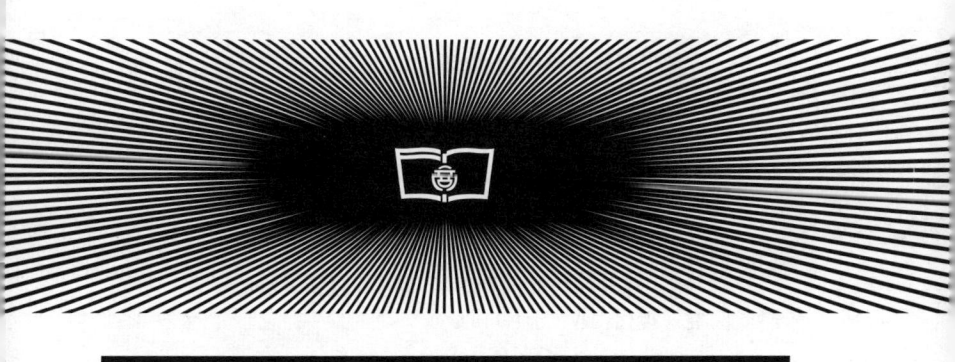

现代汉语语法研究

朱德熙 著

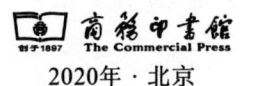

商务印书馆
2020年·北京

图书在版编目(CIP)数据

现代汉语语法研究/朱德熙著.—北京:商务印书馆,
2001(2020.5重印)
(商务印书馆文库)
ISBN 978-7-100-02804-2

Ⅰ.①现… Ⅱ.①朱… Ⅲ.①汉语－语法－研究－现代 Ⅳ.①H146

中国版本图书馆 CIP 数据核字(2001)第 073853 号

权利保留,侵权必究。

商务印书馆文库
现代汉语语法研究
朱德熙 著

商 务 印 书 馆 出 版
(北京王府井大街 36 号 邮政编码 100710)
商 务 印 书 馆 发 行
北京新华印刷有限公司印刷
ISBN 978-7-100-02804-2

1980 年 5 月第 1 版　　开本 880×1230 1/32
2020 年 5 月北京第 9 次印刷　印张 7¼
定价：21.00 元

《商务印书馆文库》编纂大意

本馆自1897年始创,即着意译介西学,编纂课本,以昌明教育、开启民智为务。

迨五四新文化运动起,学界亟需高等书籍,本馆张元济、高梦旦诸先生乃与蔡元培、梁启超等学界前辈擘画宏图,组编诸科新著,以应时需。是为本馆出版学术著作之始。

尔后数十年,幸赖海内外学人伐山开辟,林林总总,斐然可观。若文学,若语学,若史学,若哲学,若政治学,若经济学,若心理学,若社会学以及其他诸科学门类,多有我国现代学术史上开山之著、扛鼎之作。学术著作的出版使本馆进一步服务于中国现代教育事业的培植和民族新文化的构筑,而分享中国学界的历史光荣。

五十年代以后,本馆出书虽以移译世界名著、编纂中外辞书为先,而学术著作的出版亦未曾终止。近年来已先后有多种问世,今后拟更扩大规模,广征佳作,以求有为于未来中国文化的建树。

转瞬百年。同人等因念本馆素有辑印各种丛书的传统,乃议无论旧著新书,凡足以反映某一时期学术思潮、某一流派学术观点、某一学科新的建树、某一问题新的方法以及其他足资长期参阅的作品,均拟陆续选汇为《商务印书馆文库》而存录之,俾有益于文化积累而取便学林。顾兹事体大,难免力不从心,深望各界读者、学界通人共襄助之。

商务印书馆编辑部
1997 年 10 月

目 录

序 …………………………………………………… 1
现代汉语形容词研究(1956) ……………………… 3
句法结构(1962) …………………………………… 42
说"的"(1961) ……………………………………… 67
关于《说"的"》(1966) …………………………… 104
"的"字结构和判断句(1978) …………………… 125
与动词"给"相关的句法问题(1979) …………… 151
汉语句法中的歧义现象(1980) ………………… 169
附录：关于动词形容词"名物化"的问题(1961) ……… 193

序

这里收集的八篇文章都是发表过的。其中《关于动词形容词"名物化"的问题》一篇是和北京大学中文系卢甲文、马真两位同志合写的,现在作为附录,收入本书。

这次重印这些文章,没有作什么大的改动。有些论点前后不完全一致,也还是保留了原来的样子。只有《现代汉语形容词研究》一篇删去了原文§1.5和§2.2两节,又把原来的附录"形容词重叠式的感情色彩"改为§5。《"的"字结构和判断句》一篇在分析S_3和S_4两种句式时有些论断有错误,准备另写文章纠正,此处未作改动,只是删去了原文§2.2一节。《与动词"给"相关的句法问题》和《汉语中的歧义现象》原来发表时用的符号是英语N(名词),V(动词)一套,现在改为汉语M(名词),D(动词)一套,跟其它几篇取得一致。

朱德熙　1979,6,1

现代汉语形容词研究

§0 引　　言

0.1　本文拟说明现代汉语里形容词的简单形式和它的复杂形式在语法功能上的区别。所谓简单形式指的是形容词的基本形式，包括单音节形容词(大、红、多、快、好)和一般的双音节形容词(干净、大方、胡涂、规矩、伟大)。所谓复杂形式主要指以下各类成分：

(1) 重叠式　形容词重叠式按照它的构造可以分为以下两类：

完全重叠式　单音节形容词 x 按照 xx 的格式重叠。第二个音节读高平调，同时儿化。重音也在这个音节上。例如"小小儿""远远儿"。双音形容词 xy 按照 xxyy 的格式重叠。最后一个音节读高平调，也是重音所在。例如"老老实实""干干净净"。

不完全重叠式　这是双音节形容词的第二种重叠式。格式是"x 里 xy"，字调不变，重音在第一个或最后一个音节上。例如："胡里胡涂""古里古怪"。

(2) 带后加成分的形容词　形容词的后加成分很多，但是每一个后加成分只能跟有数的几个形容词粘合。形容词的后加成分可以分为双音节的和三音节的两类。双音节的后加成分通常是两个同音的音节，例如：

乎乎:黑乎乎　热乎乎
哄哄:臭哄哄　乱哄哄
丝丝:甜丝丝　凉丝丝
溜溜:光溜溜　酸溜溜　圆溜溜
喷喷:香喷喷
通通:红通通
英英:蓝英英
油油:绿油油
魆魆:黑魆魆
巴巴:干巴巴
梆梆:硬梆梆
腾腾:慢腾腾　热腾腾

三音节的例子：

里呱唧:傻里呱唧　脏里呱唧
咕隆咚:黑咕隆咚
不溜秋:灰不溜秋
不雌列:白不雌列

无论是双音节或三音节的后加成分，第二个音节都读轻声。

双音节形容词带后加成分的不多，只有"可怜巴巴""老实巴焦"等少数例子。

（3）"雪白、冰凉、通红、鲜红、魆黑、喷香、粉碎、稀烂、贼亮、精光"一类形容词。① 从表面上看，这一类格式象是复合形容词，但是它们跟一般的复合形容词不同。第一，它们的重叠式不是 xxyy，而是 xyxy（雪白雪白、冰凉冰凉、通红通红）；第二，前一个音节已经丧失了原来的意义，近于前加成分的性

---

① "天蓝、水红、浅绿"一类词形式上与(3)相似，但语法性质完全不同。

质,因此它们往往可以转化为后加成分。比较:

　　雪白:白雪雪

　　魆黑:黑魆魆

　　冰凉:凉冰冰

　　通红:红通通

　　喷香:香喷喷

(4) 以形容词为中心构成的词组:

a. 由程度副词以及某些表示程度的代词跟形容词构成的词组,例如:很大、挺好、非常漂亮、那么长、多么新鲜。

b. 由并列的形容词构成的词组,例如:又高又大。

为了便于称述,以下把形容词的简单形式叫作甲类成分,把形容词的复杂形式叫作乙类成分。

0.2　从意念上看,甲类成分表示的是单纯的属性,乙类成分表示的属性都跟一种量的观念或是说话的人对于这种属性的主观估价作用发生联系。① 譬如(1)和(2)都是带有主观估价作用的格式,它们都包含着说话的人的感情色彩在内。(2)类所含的感情色彩由具体的后加成分决定。(1)类的情形比较复杂,本文§5将专门讨论这个问题。(3)和(4a)之包含量的观念非常明显。(4b)从表面上看,似乎只是把两种性质同时列举出来,并没有表示这些性质的量或程度。但仔细分析起来,连词"又……又……"除了连接作用之外,还有强调的意味。关于这一点,下面的事实是最好的证明:凡是不受程度副词修饰的"绝对的性质形容词"(即在意念上无程度区别的形容词)如:"真""假""错""横""竖""紫""温"等等,

---

① 参看龙果夫:《现代汉语语法研究》。

也不能用"又……又……"连接。

一个甲类成分(红)和一个跟它相对应的乙类成分(红红的、红通通的、通红、很红)的区别,不在基本的词汇意义上,而在抽象的、概括的意义上,即前者表示的是性质,后者表示的是这种性质的状况或情态。这种意念上的区别完整地反映在甲、乙两类成分的语法功能上。从本文以下各节的讨论里,我们就会看到,不论在什么样的语法环境里,这两类成分始终表现着互相对立的倾向。

我们主张这样来解释这个现象:在现代汉语的形容词里,性质与状态两种概念的区别构成一个语法范畴——性状范畴。甲、乙两类成分正是表示这个语法范畴内部两种对立的概念的语法形式。

不过甲、乙两类成分内部并不是完全一致的。从表面上看,乙类的情形似乎要比甲类更复杂,事实上却不然,各种乙类成分之间虽然存在着差别,但这种差别是次要的;就它们跟甲类成分相对待的意义上说来,仍然是一个内部统一的类。甲类成分的情形就不同了,单音形容词和双音形容词有极其显著的区别。一般说来,单音形容词是典型的甲类成分,双音形容词则往往带有乙类成分的性质。许多事实表明,双音形容词正处于从甲类成分逐渐转化为乙类成分的过程之中。

以下我们分别从定语、状语、谓语、补语四种位置上来观察甲、乙两类成分的区别。最后附带讨论形容重叠式的感情色彩。

§1 定　语

1.1　甲、乙两类成分修饰名词,一共有三种格式:

　　白纸　　　　　甲$_1$
　　白的纸　　　　甲$_2$
　　雪白的纸　　　乙

甲$_1$和甲$_2$两种格式里的定语是甲类成分,乙式里的定语是乙类成分;甲$_1$的定语直接粘附于名词,甲$_2$和乙的定语之后都有"的"字。以下先讨论甲$_1$和乙两类格式的区别。

　　甲$_1$里的定语是限制性的。譬如在"白纸"里,我们用"白"这种属性来限制"纸"这个类名;加上限制之后,就出现了一个新的类名"白纸"。"白"是给"纸"分类的根据,说"白纸"的时候,确定所说的是"白纸"这个类,而不是别的类,如"红纸""黑纸"等等。① 乙式里的定语是描写性的。譬如"雪白的纸"、"挺白的纸"里头的"雪白的"、"挺白的"不是用来作为分类的根据,而是用来描写所论及的事物的状况或情态的。

　　甲$_1$里的定语既然是作为分类的根据而存在的,分类的根据只能是一种属性,因此,凡是不表示属性,单纯表示数量的形容词——"多"和"少"——就不能直接修饰名词。这就是说,它们不能构成甲$_1$式,只能转化为乙类成分之后构成乙式。比较:

　　＊多人:很多人
　　＊少钱:很少的钱

1.2　这两类定语的不同还表现在下面这个事实上:如果

---

① 这种解释在构词法里不适用,因为有"黑墨""酸醋""咸盐"一类复合词。

中心语之前有数量词的话,甲类成分只能放在数量词之后,乙类成分则前置后置都可以。譬如只能说"一朵红花儿",不能说"红(的)一朵花儿";但是"一朵鲜红的花儿"跟"鲜红的一朵花儿"却都是合法的格式。这个现象似乎可以这样解释:由甲类成分充任的定语是限制性的,因此中心语所指的必须是具有一定的外延的类名。譬如"花儿"是一个类名,加上限制性定语"红"之后,就形成了一个新的,外延比原先窄的类名"红花儿"。"红花儿"既然是类名,所以还可以再加限制性定语构成更窄的一个类。譬如说"小红花儿"。如果中心语所指的不是类名,而是个别的、特殊的事物,那就不能在它前面加限制性定语。例如不能说"红(的)一朵花儿""小(的)三间屋子"。乙类定语是描写性的,它可以修饰类名,如"鲜红的花儿","小小的屋子";①也可以修饰个别的、特殊的事物。如说"鲜红的一朵花儿","小小的三间屋子"。②

特殊的事物有时也能加上限制性定语。例如"真李逵",但此时暗示还有"假李逵"存在,事实上我们仍然给李逵分了类。在下面的例子里:

---

① 一类事物经过描写之后就不再是普遍的概念,而是特殊的概念了。因此,描写性定语往往带着潜在的指称作用,跟限制性定语比较起来,这是很明显的,譬如说"白纸"的时候,指的是所有的白纸;说"挺白的纸","雪白的纸"的时候,往往是指特定的某一张或某些张白纸。同样,"花儿","屋子"前面加上描写性定语"鲜红的","小小的"之后,也就不再是类名了。

② Joseph Mullie 认为数量词只能放在形容词之后,例如"大大的一个地方","顶容易的一个法子"。(The Structural Principles of the Chinese Language, 1932, vol.1, 296 页)。数量词后置的确是普遍的倾向,但是相反的词序也是常常可以碰到的,例如"寻了许久,始觅着一家小小书店"(《老残游记》)。现代语里,这类例子更多。

郭全海二十四岁,比白玉山小四岁,样子却比胖胖的白玉山显得老些。(《暴风骤雨》)

"胖胖的"是乙类成分,它只有描写作用,没有分类作用。

1.3 从内部的结构关系来看,这两类格式也是大不相同的。乙的组成是自由的,甲$_1$却是相当稳定的结构。这可以从两方面来说明。首先,甲$_1$常常表现出一种"单词化"的倾向。下面这个有趣的例子可以证明这一点:

祥子心里一活便,看那个顶小的小绿夜壶非常有趣,绿汪汪的,也撅着小嘴。(《骆驼祥子》)

作者连用了两个"小"字,可见他认为"小绿夜壶"是一个稳定的整体。同样的例子在口语里常常可以碰到,例如:"顶大的大老虎","小不钉点儿的小耗子"。

其次,在甲$_1$里,定语和中心语是互相选择的,二者不能任意替换。譬如可以说"白纸","白头发",但是不能说"白手","白家具"。下面是同样的例子:

贵东西	*贵手绢儿
薄纸	*薄灰尘
脏衣服	*脏糖
重担子	*重箱子
窄心眼儿	*窄布
凉水	*凉脸
厚脸皮	*厚雪
香花儿	*香饭
热酒	*热力量
小自行车	*小报复
短袖子	*短沉默

黄制服	*黄汽船
绿绸子	*绿庄稼
蓝墨水	*蓝天空
聪明孩子	*聪明动物
滑稽电影	*滑稽人
老实人	*老实学问

这一类格式之所以不能成立,不能从词汇意义上去找解释,因为我们只要把这些格式里的甲类成分换成跟它相对应的乙类成分,仍旧可以造成合法的格式;不过这样造成的格式已经不是甲₁而是乙了。例如:

甲₁	乙
*白手	雪白的手
*深书	很深的书
*贵手绢儿	挺贵的手绢儿
*脏糖	那么脏的糖
*重箱子	很重的箱子
*窄布	很窄的布
*凉脸	冰凉的脸
*厚雪	老厚的雪
*香饭	香喷喷的饭
*热力量	热辣辣的力量(《骆驼祥子》)
*小报复	小小的报复(《子夜》)
*短沉默	短短的沉默(同上)
*黄汽船	黄呼呼的(大)汽船(《新儿女英雄传》)
*绿庄稼	绿油油的庄稼
*蓝天空	蓝蓝的天空
*聪明动物	非常聪明的动物

*滑稽人　　　　挺滑稽的人
　　*老实学问　　　老老实实的学问

不仅如此，就某些格式来说，我们甚至可以保留原来的形容词，只是在后面加上"的"字，就能变成合法的格式。例如："深的书"，"窄的布"，"重的箱子"，"聪明的动物"等等，不过加上"的"字以后，整个格式就由甲$_1$变成甲$_2$了。

　　以上的事实说明甲$_1$是一种具有强烈的凝固趋势的结构，它的结构原则不是自由的造句原则。如果跟别种语言比较，这一点就显得非常突出，外国人学习汉语的时候，往往不能理解为什么"白手"，"贵手绢儿"一类格式是不能说的。

　　1.4　我们现在再来讨论甲$_2$和乙的区别，这两类格式的定语之后都有"的"字。在现代汉语里，这两个"的"在形式上没有区别，但是它们的语法性质很不一样。甲类成分之后的"的"有体词化的作用，乙类成分之后的"的"没有这种作用。这可以从以下一些重要的语言事实中得到证明：

　　一、"甲的"（甲类成分加"的"，下同）之前可以加数量词或指示词。例如"一个大的"，"那件新的"。"乙的"（乙类成分加"的"，下同）之前不能加这些成分。例如不能说"一个大大的"，"那件很新的"。①

---

　　①　"很~的"前面加数量词的说法是有的，但第一，数词只限于"一"；第二，整个结构往往处于宾语的地位。例如"挑了个很大的"。如果符合这两个条件，不仅是"很~的"，就是单独一个形容词也都可以临时体词化。例如"晚间必然是灯火通明的，现在却只剩下一片黑沉沉"（《朱自清文集》），"四邻八舍的那些个房子都烧了个干净"（龙果夫《现代汉语语法研究》45页）。此外，还有一个现象值得注意，北京话里有两个"很"，一个读上声，一个读去声。后者似乎专门用来跟形容词造成体词性结构，如说"很好的就贵了"（陆志韦《北京话单音词词汇》修订本255页）。

二、"甲的"作谓语时,前面必须有系词。例如"这个是大的""那件是新的"。"乙的"可以不需要系词直接作谓语。例如:

　　站上黑魆魆的。(《三千里江山》)
　　脸上红红的,眼睛亮亮的。(《新儿女英雄传》)
　　日头老高的,还早呢。(又)
　　今儿怪冷的。

三、"甲的"不受副词修饰(加"很""挺"等变成乙类成分,不在此限),"乙的"受副词修饰(指"乙的"本身所含程度副词以外的副词)。例如:

　　脸上永远红扑扑的。(《骆驼祥子》)
　　天已经黑糊糊的了。(《新儿女英雄传》)
　　脸长长的,牙齿也长长的。(《张天翼选集》)
　　左边的灯碎了块玻璃,别处倒都好好的呢。(《骆驼祥子》)
　　成天际晕晕忽忽的,不知怎样才好。(又)
　　大家都挺熟的。

四、"甲的"不能作补语,"乙的"却经常在这种位置上出现。例如:

　　司棋姐姐说:要碗鸡蛋,燉的嫩嫩的。(《红楼梦》)
　　刚才你答应得好好的。(《曹禺剧本选》)
　　他的眼睛眯得小小的。(又)
　　月亮照得明朗朗的。(《新儿女英雄传》)

五、"甲的"不能修饰动词,[①]"乙的"经常修饰动词。例如:

[①] "真的"是例外。书面语里双音形容词加上"地"之后修饰动词的格式留到下文再讨论。

您行行好,您再重重地给我一拳。(《曹禺剧本选》)
也这么给姑娘热热儿的倒碗茶来。(《新儿女英雄传》)
成年际拉车出臭汗,也该漂漂亮亮的玩几天。(《骆驼祥子》)
有几个人可怜巴巴的爬在地上啜那泥浆。(《新儿女英雄传》)
会场没有一个人说话,没有一个人走动,静悄悄的等他再开口。
(《暴风骤雨》)
吴天宝听大家谈着高青云的故事,都听痴了,热呼呼地问高青云说:"你回到祖国高兴么?"(《三千里江山》)
刘老头子的确没替祥子宣传,可是骆驼的故事很快的由海甸传进城里来。(《骆驼祥子》)

1.5 根据以上的分析,我们得到如下的结论,即甲$_2$的定语(白的)是体词性的,乙的定语(雪白的)是形容词性的。①

把"白的纸"里头的"白的"解释为体词性结构,似乎有点奇怪。但事实上这是唯一合乎逻辑的说法。"甲的"在所有的场合之下都表现出它是体词性结构,它具备体词所有的一切性质,为什么单单在修饰名词的时候要否认这一点呢?这显然是受了印欧语语法的影响。因为在印欧语里,最宜于修饰名词的是形容词,不是名词。把这种外来的语法观念强加在汉语头上是无法自圆其说的。譬如有些语法书上一方面承认"红的","小的"是体词性结构,一方面又说"的"是形容词

---

① 龙果夫把甲$_2$和乙两个格式里的"的"看成一个东西,因此他认为乙类格式跟"昨天来的人","飞的那只鸟","我念的书"等格式性质相近,里头的修饰语都是谓语性的,定语后头的"的"的作用在于取消它们原有的谓语性(《现代汉语语法研究》,157页)。事实上,乙式的"的"不仅没有取消定语的谓语性,在一定的意义上说,它反而加强了这种性能,证据是"乙的"可以不凭借系词的媒介直接作谓语。我们认为跟"昨天来的人"一类格式相当的不是乙,而是甲$_2$。这两类格式里的定语,从意义上说,都是限制性的;从语法性质上说,它们都是倚靠"的"的力量转化为体词性结构之后,再粘附于名词之上的。

词尾,这显然是个矛盾。陆宗达和俞敏两位先生看到了这点,因而把"的"归到名词词尾里去,这是很高明的。但是他们并没有贯彻这个主张,仍然把"白的"的"的"跟"白的纸"里的"的"分开,说后者是"关联词"。① 龙果夫在他的著作《现代汉语语法研究》里把"的"字叫作"加语·体词语尾"(определитель－но－именный суффикс,据郑祖庆译文),从这个名称本身就可以看出,他也是承认"的"兼有名词和形容词两重彼此矛盾的性质的。如果我们抛弃成见,从客观的语言事实出发,情形就完全不同了。陆志韦先生曾指出现代汉语的构词法上显出下面这一联串现象:

(1) 现代汉语里最常听到的词或是词组是向心格。("大红")

(2) 向心格的例子之中,最常听见的是名词性的。("大黄")

(3) 名词性的例子之中,最常听见的是用名词性的成分作为"心"的。("大人")

(4) 这样的例子之中,前一段的修饰语,最常听见的又多是名词性的。("铁路","羊眼睛")②

在汉语里,名词修饰名词的确是非常自由的。第一,我们可以随便把两个名词凑在一块儿造成向心结构。例如"纸老虎","稻草人","狐狸尾巴","肥皂盒儿","蓝布包袱","电灯开关","暖汽设备","土地政策","心理状态","中国人民"等

---

① 陆宗达、俞敏:《现代汉语语法》,上册,62页。
② 《关于赫迈莱夫斯基先生的'汉语的句法和形态问题'》(《中国语文》1955年3月号)。

等。第二,经常用来修饰名词的数量词,就其性质来说,也是一种体词性结构。例如"一本书","那把刀"里头的"一本"和"那把"。第三,我们可以自由地把一串名词(或体词性质结构)累积起来修饰另一个名词,造成一个复杂的向心结构。例如:"孙中山先生是〔广东省〕〔中山县〕〔翠亨村〕人","面前摆着〔四个〕〔红鱼〕〔细磁〕茶碗"(《老舍选集》1)。如果把这种情形跟上文讨论的形容词修饰名词的情形比较一下,我们只能得到如下的结论:在现代汉语里,最宜于修饰名词的不是形容词(指甲类成分),而是名词。这是汉语的一个显著的特点。承认这个特点,那么把"白的纸"里头的"白的"解释为体词性结构也就没有什么可奇怪的了。

1.6 反对的意见大概有以下几类:有人说形容词表示性质概念,名词表示事物概念。"白的纸"里头的"白的"表示的是性质,不是事物,因此不可能是体词性的。我们认为性质概念跟事物概念之间并没有不可超越的鸿沟。且不说许多语言里的形容词往往有相应的名词形式,就拿汉语来说,用名词的形式来表示性质概念的例子也并不少。最显著的是有些表示颜色的词只有名词形式,没有形容词形式。例如,"米色","湖色","咖啡色","奶油色","金色"等等。就是"红","黄","黑","紫"等形容词也可以加上"色"转为名词;这一类词不仅可以直接修饰名词,而且有时还非用它们不可。例如:"红色专家","黄色新闻","紫色钢笔"。

其次,有人说"甲的"不是完整的语言格式,因为光说"红的","小的",不知道说的是什么,后面显然省略了一个名词。我们认为完整的(即没有省略部分的)语言格式所表示的意念并不一定都是自足的。最明显的是第三人称代词,譬如光说"他不去",我们不知道"他"指的是谁,可是谁也不能不承认这是一个完整的句子。事实上,"红的","小的"跟英语的 a red one, a little one 一样,都是完整的格式,区别仅在于前者可以作定语而后者不能罢了。

最后,根本否认"白的"和"白的纸"两类格式之间有任何关联,这可以拿上文提到的陆宗达和俞敏两位先生的意见为代表。他们认为"白的纸"的"的"是从古汉语的"之"变来的,"白的"的"的"是从古汉语的"者"变来的。① 这种历史的比较是否可靠姑且不论,即使这个说法是对的,我们也并不能因此证明"白的纸"的"的"和"白的"的"的"是两个东西。要证明这一点,恐怕还得在现代汉语里找出证据来才行。在我们看来,"白的纸"只能用二分的方式分析成:白的——纸,不能象陆、俞二位那样用三分法分析成:白——的——纸。关于这一点,王力先生的意见值得我们参考。

> "之"字虽可称为介词,"的"字却不能称为介词。……"之"字是介接的,"的"字是附着的。因为"之"字是介接的,所以咱们只能说"此吾之书也",不能说"此书吾之也";因为"的"字是附着的,所以咱们既能说"这是我的书",又可以说"这书是我的"。②

说"的"字是附着的,并不包含承认它是词尾的意思,③虽然主张词尾说的人在分析这类格式时也必然采用二分法。

---

① 《现代汉语语法》,上册,62 页。
② 《中国语法理论》,新版 274 页。
③ "像'的''所'一类的字,我们仍认为单词,不把它们认为和实词合成一体,因为它们所粘附的不一定是单词,有时候却是句子形式或仂语。"(《中国语法理论》,新版 264 页。)

1.7 跟甲$_1$一样,甲$_2$的定语也是限制性的,这两种格式的区别在于甲$_1$是比较固定的结构,甲$_2$却是一种临时的组合,因此定语的限制作用特别明显,往往有强调的意味。①

甲$_2$的定语除了限制中心语之外,二者之间还有一种同位关系,这一个特点不仅是甲$_1$所无,而且也是一般名词修饰名词的格式(木头房子、中国人)所无的。在"白的纸"里,"白的"和"纸"同位,因此在一定的语言环境里,"白的"可以替代"白纸",例如:"一张白的(纸)","白的(纸)比黄的好";但是"木头"无论如何不能替代"房子"。跟"白的纸"相当的格式不是"木头房子",而是"木头的房子"。

由此可见,甲$_2$的特点不仅在于它的定语的名词性,更重要的是定语和中心语之间的同位关系。②

1.8 在以上的讨论中,我们是把甲、乙两类成分都当作内部一致的东西来处理的。实际情形可不是如此,在甲类成分里,单音形容词跟双音形容词有很大的区别。单音形容词是典型的甲类成分,双音形容词一般都带有乙类成分的某些性质,这主要表现在以下一些事实上:第一,跟单音形容词相反,绝大部分双音形容词加上"的"之后不能转化为体词性结构。第二,由双音形容词充任的定语是描写性的,而非限制性的,这可以用下面两点来证明:一方面,双音形容词可以修饰专名或人称代词。例如:

----

① "'大狗'跟'大的狗'意义上很不相同。普通用'的'的时候,为的是要注重名词的形态,性状。说'大的狗'为要注重狗的'大'。"(陆志韦:《北京话单音词词汇》,修订本 24 页。)

② 在"白的纸"里,"白的"和"纸"同位,但不"同一"。同一必然同位(《红楼梦》的作者曹雪芹、老李这个人),同位不一定同一。

伟大的毛泽东领导着我们走向解放。(歌词)
　　聪明的孙中山看到了这一点。(《毛泽东选集》686)
　　乐园的门开了,将可怜的他关在门外。(《冰心小说集》)

另一方面,在现代书面语里,双音形容词加上"地"(或写作"的")之后可以修饰动词。(状语说明动作的方式或状态,因此必然是描写性的。参看下节。)

　　不过双音形容词跟乙类成分之间也有极其显著的区别。上文说过,乙类成分加上"的"之后可以直接作谓语,又可以作补语,这两种重要的语法功能却是双音形容词所没有的。由此看来,双音形容词可以说是介于甲类成分和乙类成分之间的一种东西。在充任修饰成分时,它比较接近于乙类成分;在充任表述成分(谓语、补语)时,则又接近于甲类成分。

　　乙类成分里也有一些特殊的格式,最显著的是由最高级或比较级的程度副词(顶、最、更)跟形容词构成的词组。它们作定语时显然是限制性的。例如:

　　　最近的邮局
　　　顶便宜的书
　　　更好的地方

"最近的","顶便宜的","更好的"既不能直接作谓语,也不能作补语,它们都是典型的体词性结构。

§2 状　　语

　　2.1　由形容词构成的状语表示的是动作的方式或状态;就性质来说,这种状语是描写性的,不是限制性的。因此甲类成分一般不宜于作状语,乙类成分——特别是形容词重叠式——则经常担任这种职务。这个现象早就有人注意到了,吕叔湘先生说,形容词修饰动词的时候"往往要重叠一下";①《语法讲话》说,描写方式或状态的动词修饰语,"大多数是全部或局部叠字的"。②

说单纯的形容词——甲类成分——不宜于作状语,这个话太笼统,需要进一步分析。以下把单音形容词跟双音形容词分开讨论。

单音形容词修饰动词的格式是有的,不过里头包含着大量的复合词和成语格式。因此首先要把这些格式拿来甄别一下,看看哪些是造句格式,哪些是非造句格式——凝固格式。

以下把单音形容词修饰动词的格式分成两大类:凡是只能容纳单音动词,不能容纳双音动词的叫 A 类,既能容纳单音动词,又能容纳双音动词的叫 B 类。

A 类:

高:高喊　高举　　　　轻:轻放
慢:慢走　　　　　　　重:重打　重罚
远:远看　远望　　　　长:长住
近:近看　　　　　　　怪:怪叫
横:横写　　　　　　　饱:饱看
竖:竖写　　　　　　　苦:苦劝
直:直走　直说　　　　静:静养
斜:斜插　　　　　　　臭:臭骂
歪:歪戴　　　　　　　细:细看　细想　细说
紧:紧握　紧靠　　　　粗:粗看

---

① 《语法学习》,6 页。
② 丁声树等:《现代汉语语法讲话》,49 页。

B类：

光:光埋怨　　　准:准答应

白:白担心　　　快:快起来

老:老打架　　　早:早知道了

直:直嘀咕　　　真:真相信

硬:硬拉住　　　假:假生气

多:多想想　　　穷:穷折腾

少:少出去几次　乱:乱打听

迟:迟出去一会儿　干:干着急

全:全看见了　　满:满可以不管

晚:晚出来一步　好:好商量

怪:怪高兴的　　好:好热闹

难:难解决　　　大:大研究一气

关于这个表有几点说明：第一，能够造成A类格式的形容词比较多，表上列举的只限于一部分嫌疑格式，即不容易判断是造句格式还是凝固格式的那些个。凡明显的凝固格式（清唱、大考、小看、红烧、白燉）都没有列入。能够造成B类格式的比较少，重要的差不多都举出来了。第二，A、B两类的区别在下面这样的格式里不容易看出来：

歪戴着帽子。

白跑了一趟。

从这类格式本身，我们看不出"歪/戴着"，"白/跑了"和"歪戴/着"，"白跑/了"两种分析法里哪一种是对的。因此我们只能拿复合动词（包括动词重叠式）来试验，"歪"不能放在任何复合动词之前，所以归入A类；"白"可以放在复合动词之前（白告诉你了），所以归入B类。第三，一个形容词有几种不同的意义时,分别列举,下边加着重号。

B类无疑是造句格式。这类格式里的形容词活动能力很强,它们既能修饰单音动词,又能修饰双音动词;不管是哪一类,都可以大量替换。A类格式里的形容词不仅不能修饰双音动词,就是在修饰单音动词的时候也是不自由的。每个形容词能修饰的动词非常有限,大都不能自由替换。其中有一些即使用意义近似的词,甚至是同义词,也替换不了。例如:

轻放:＊轻搁
重打:＊重揍
高喊:＊高嚷
紧握:＊紧拿
怪叫:＊怪喊
粗看:＊粗瞧
静坐:＊静躺
慢走:＊慢爬
直(不拐弯)走:＊直跑

这些现象说明A类格式跟一般自由结合的词组不同,里头的形容词和动词结合得非常紧。

2.2 根据上文的分析,除了B类格式里的形容词之外,绝大部分的单音形容词都不能作状语。要打破这个限制,就得把形容词转化为乙类成分。例如:

那凤姐只管慢慢吃茶,出了半日神。(《红楼梦》)
何不远远的打发他到庄子上去就完了。(又)
薛林二人也吃完了饭,又酽酽的喝了几碗茶。(又)
也这么给姑娘热热儿的倒碗茶来。(《新儿女英雄传》)
花也不很多,圆圆的排成一个圈,不很精神,倒也整齐。(《鲁迅

小说集》)

母亲紧紧的搂着我,亲我的头发。(《冰心小说散文选集》)

母亲在后面替妹妹通开了头发,松松的编了两个辫子。(又)

我看您乖乖地把这孩子送回去。(《曹禺剧本选》)

眼珠可黑得像两口小井,深深的闪着黑光。(《老舍选集》)

就和李六子高高的爬到树上……(《新儿女英雄传》)

把假笑收住,冷冷的说……(《暴风骤雨》)

会场没有一个人说话,没有一个人走动,静悄悄的等他再开口。(又)

眼不看,嘴不说,耳朵可直楞楞的听着哩。(《新儿女英雄传》)

一拥进去,黑压压的挤了半屋子。(又)

灯光红映映的照着,小梅抬起头来,脸上显得很光彩。(又)

小风尖溜溜的把早霞吹散,露出极高极蓝极爽快的天。(《骆驼祥子》)

吴天宝听大家谈着高青云的故事,都听痴了,热呼呼地问高青云说……(《三千里江山》)

大水傻不济济的说:"共产,共我的地不?我还有五亩地呀!"(《新儿女英雄传》)

2.3 B类形容词一方面跟一般的形容词一样,能够作定语或者谓语,一方面又具有一般形容词所没有的性质——作状语。不过在这两种不同的位置上,意义也往往不一样。譬如"白"字,作定语或者谓语时,说的是颜色,我们管它叫白$_1$;作状语时,是"徒劳"的意思,我们管它叫白$_2$。白$_1$只能作定语或谓语,不能作状语;白$_2$只能作状语,不能作定语,也不能作谓语。说白$_1$不能作状语,指的是原式,转化为乙类成分之后,也可以作状语。例如:

隔几天它们很快又长出来了,那么短短的,白白的长满了一下巴。(《人民文学》54.9.61)

白$_1$和白$_2$的意义和造句功能都不相同,应该算两个词:白$_1$是形容词,白$_2$是副词。下面是同样的例子:

形容词

	定语或谓语	状语
直$_1$:	直心眼儿	直挺挺地站着
光$_1$:	光脚	光溜溜地剃了个头
满$_1$:	满屋子人	满满地斟上一杯
好$_1$:	好孩子	好好地玩儿
老$_1$:	老干部	
硬$_1$:	硬功夫	硬梆梆地顶了他几句
快$_1$:	这辆车真快	很快地走了出来
新$_1$:	新房子	
准$_1$:	准日子	
怪$_1$:	怪脾气	
干$_1$:	干衣裳	干巴巴地唱了一句
穷$_1$:	穷人	
大$_1$:	大房子	大大的包了一个包袱

副词

	定语或谓语	状语
直$_2$:	—	直哭
光$_2$:	—	光说不练
满$_2$:	—	满有味儿
好$_2$:	—	好热闹
老$_2$:	—	老打架

硬$_2$：	—	硬拉住不放
快$_2$：	—	快走出来
新$_2$：	—	新买的
谁$_2$：	—	谁知道
怪$_2$：	—	怪可怜的
干$_2$：	—	干着急
穷$_2$：	—	穷折腾
大$_2$：	—	大研究一气

"多","少","早","晚","迟","难","真","假","全"这几个词在两种位置上的意义并没有显著的不同,应该承认它们还是同一个词。

从以上的分析看来,单音形容词作状语的格式里头有许多是凝固格式,有些虽然是自由格式,但其中的形容词早已丧失了形容词的身分,变成副词了。在全部单音形容词里,只有上面举出的"多","少","早","晚"等不多的几个词是真正能够作状语的。

2.4 我们再来看双音形容词的情形。

就口语说,绝大部分的双音形容词也是不能作状语的,除非转化为跟它相对应的乙类成分。例如:

粉光脂艳,端端正正坐在那里。(《红楼梦》)

我另拿出银子来,热热闹闹的给他做个生日。(又)

安分守己,一心一计,和和气气的过日子。(又)

咱们斯斯文文的躺着说话儿。(又)

他轻轻松松的就把他拨弄躺下了。(《儿女英雄传》)

你有话爽爽快快的说,不许怄我。(又)

我看他们委委屈屈的将首饰匣交给公公。(《朱自清文集》)

但她的手才松,它又象橡皮带儿似的,立刻伏伏贴贴的缩回来了。(又)

路上有人说话,可以清清楚楚地听见。(又)

他自己也大大方方的坐在一株小柳树下。(《骆驼祥子》)

吃人家的粮米,便得老老实实的在笼儿里给人家啼唱。(又)

成年际拉车出臭汗,也该漂漂亮亮的玩儿大。(又)

那你为什么不正正当当地讲出来?(《曹禺剧本选》)

亲亲热热的拍拍他的肩膀。(《暴风骤雨》)

有几个人可怜巴巴的爬在地上啜那泥浆。(《新儿女英雄传》)

以上是就口语说的,在书面语里,近几十年来出现了一种新的格式:双音形容词加上"地"(或写作"的")之后可以自由地作状语。例如:

群众杂乱地喊着。(《子夜》)

车急骤的转了一个大弯,车身猛烈的震动了一下。(又)

从八年抗日战争的惨痛经验中,中国人民已经深刻地认识了它的罪恶。(《毛泽东选集》1067)

确立以研究中国革命实际问题为中心,以马克思列宁主义基本原则为指导的方针,废除静止地孤立地研究马克思列宁主义的方法。(又803)

单音形容词则绝对不允许采用这种格式,"*好的说""*慢的走""*重的打"都不成话。上文说过,双音形容词跟单音形容词不同,它们具有乙类成分的性质,加上"地(的)"之后,构成的不是体词性结构,而是形容词性结构;从意念上说,是描写性的,不是限制性的。由此可见,这种书面格式虽然跟口语格式有抵触,[①]然而也并不是没有根据的。

---

① 这是就一般情形说的,实际上这种新兴格式的势力正在扩展,目前已经逐渐渗入到口语里来了。

能够直接作状语的双音形容词不多,其中有一部分已经分化为两个词了,一个是形容词,一个是副词。比较:

形 容 词

定语或谓语	状语
自然₁: 样子很自然	自自然然地醒了
老实₁: 老实人	老老实实地坐着
平常₁: 平常事儿	平平常常地说了几句

副 词

定语或谓语	状语
自然₂: —	自然(当然)不知道
老实₂: —	老实(坦白地)告诉你
平常₂: —	平常起得很早

真正能够作状语的双音形容词是下面这些:"完全","容易","干脆","仔细","勉强","一定","细心","大胆","切实","经常","特别","一般","一致","普遍","突然","偶然","积极","公开","直接","间接","正式"等等。值得注意的是这一类形容词里头,大部分是历史比较短的新词。

§3 谓 语

3.1 形容词谓语句有两种类型:即无系词的形容词谓语句和有系词的形容词谓语句。

甲类成分放在无系词谓语句里,含有比较或对照的意思,因此往往是两件事对比着说的。例如:

今儿冷,昨儿暖和。

价钱便宜,东西也不错。

屋里黑,外头亮。

人小心不小。

小萝卜,皮红肚里白。

大家随和儿,你也随和点儿。(《红楼梦》)

只有在具体的语言环境能显示出比较或对照的意义时,这一类句子才单独出现。例如:

哪本好?这本好。

里头冷还是外头冷?外头冷。

由乙类成分充任谓语的句子没有比较和对照的意思,因此可以独立出现。例如:

今儿怪冷的。

价钱很便宜。

屋里黑魆魆的。

3.2 这两类谓语还有另一方面的区别:由甲类成分充任的谓语表示的是事物的恒久的、静止的属性,由乙类成分充任的谓语却往往含有一种潜在的可变性。因此在叙述"暂时性"的事变的语言环境里,就只能用乙类成分作谓语。① 下面这些句子里的乙类成分都不能换成甲类成分:

说着,把个缺口破瓦盆端进屋,满满烧着盆松针,烟过了,松针通红,冒着股怪好闻的香味。(《三千里江山》)

马胆小、艾和尚几个脸色死白,都抽回枪,出溜到坡底下,就想跑。(《新儿女英雄传》)

他心里空空洞洞的,什么也不怕。(《张天翼选集》)

小梅在公所等着。公所里静悄悄的。只听见隔壁院子里,孩子

---

① 这是就甲、乙两类成分本身的功能说的。如果在甲类成分前后加上带有时间意义的成分,当然也可以表示事变。例如:"天黑了","把脸一红"。

们在唱……(《新儿女英雄传》)

浑身软绵绵的,又软弱,又疲倦。(《三千里江山》)

一见男人的脸色黑沉沉的,好象老阴天,便背着脸悄悄咕哝说:"谁惹你啦!"(又)

吴天宝的脸又红又亮,也泛滥着生命的光彩。他捧着像,笑着望了好大一会。(又)

子弹声音嘶嘶的,低而且沉。(《暴风骤雨》)

3.3 现在我们来讨论有系词的形容词谓语句。在甲类成分充任谓语的句子里,谓语的意义在于表明主语所属的类别。说"这张纸是白的"的时候,我们给说到的那张纸归了类,指明它属于"白的"一类,而不属于其它的类。这类谓语所表示的是一种"区别意义"。在乙类成分充任谓语的句子里(这张纸是很白的),谓语并没有给主语分类,它只是说明主语的状况或情态。这一类谓语都有一种"估价意义"。由此看来,前一类句子跟限制性定语造成的词组(白纸、白的纸)相当,后一类句子跟描写性定语造成的词组(很白的纸、雪白的纸)相当。

就构造说,这两类句子也是有区别的。上文讨论定语的时候,我们曾经说明甲类成分之后的"的"跟乙类成分之后的"的"性质不一样,"甲的"是体词性结构,"乙的"是形容词性结构。如果这个分析是正确的,那么我们应该承认"这张纸是白的"跟"这张纸是很白的"是性质不同的两种句子:前者的谓语是体词性的,后者的谓语是形容词性的。

3.4 两类句子的构造不同,表示的意念也不同,因此形容词对于这两类句子的反应也不同。为了说明起来方便,以下把甲类成分作谓语的句子(这张纸是白的)叫作甲式,把乙类成分作谓语的句子(这张纸是很白的)叫作乙式。

绝对的性质形容词如"真","假","横","竖","错","温","紫"等等,单纯表示性质,没有量或程度的区别,它们对于甲式的适应力特别强。例如:

这个消息是真的。
那张画是假的。
这种说法是错的。
那杯水是温的。

对于乙式则简直不能适应,因为这一类形容词根本不能转化为乙类成分。

数量形容词"多"和"少"刚好相反,它们只能适应乙式(这种人是很多的),不能适应甲式("*这种人是多的"不成话)。这是因为"多"和"少"不表示性质,不能构成类名。换句话说,它们不能凭借"的"字造成体词性结构,只能转化为乙类成分之后造成形容词性结构(很多的,很少的)。

还有一类形容词如"远","近","快","慢"等等,它们虽然也表示一种性质,但是在汉语里我们不把这种性质作为分类的根据。因此这一类形容词既不能充任限制性修饰语,也不能充任甲式的谓语;只能转化为乙类成分之后充任描写性修饰语和乙式的谓语。比较:

限制性定语	描写性定语
远: *远旅馆	很远的一家旅馆
快: *快汽车	很快的一辆汽车
广: *广范围	很广的范围
密: *密枪声	很密的枪声

棒：*棒身体　　　　　　　挺棒的身体
抖：*抖人　　　　　　　　很抖的人
[kʻeiŋ]①：*[kʻeiŋ]学生　　很[kʻeiŋ]的学生
[seiŋ]②：*[seiŋ]人　　　　非常[sʻeiŋ]的人

甲式的谓语　　　　　　　乙式的谓语
*那家旅馆是远的　　　　　那家旅馆是很远的
*这辆汽车是快的　　　　　这辆汽车是很快的
*它的范围是广的　　　　　它的范围是很广的
*枪声是密的　　　　　　　枪声是很密的
*他的身体是棒的　　　　　他的身体是很棒的
*这人是抖的　　　　　　　这人是很抖的
*这个学生是[kʻeiŋ]的　　　这个学生是很[kʻeiŋ]的
*这个人是[seiŋ]的　　　　 这个人是非常[seiŋ]的

一般的形容词可以说是中性的，即既能适应甲式，也能适应乙式。不过在这两种格式里表示的意念不一样：在甲式里表示区别意义，在乙式里表示估价意义。比较：

甲　式　　　　　　　　　　乙　式
那身衣服是新的。　　　　　那身衣服是挺新的。
关公的脸是红的。　　　　　他的脸老是通红的。
这个桃子是烂的。　　　　　今儿的饭倒是挺烂的。
这个灯泡是好的。　　　　　这种牌子的灯泡是很好的。
醋是酸的。　　　　　　　　这心里虽然是酸酸的。(《曹禺剧本选》)

在最后两组相对应的例子里，"烂"和"好"的词汇意义不同，这个现象充分说明两种句式性质上的区别。

---

① 用功的意思。
② 吝啬的意思，疑当作"啬"。

3.5 以上说的是单音形容词的情形,双音形容词加上"的"之后,一般不能造成体词性结构。因此由双音形容词充任谓语的句子跟乙式相当:就结构说,谓语是形容词性的;就意念说,表示的是估价意义。例如:

> 她是直爽的,她什么都告诉我了。(《子夜》)
> 门打开了,门洞里是黑暗的。(《人民文学》55.11.63)
> 北京是美丽的。(老舍:《我热爱新北京》)

§4 补 语

4.1 形容词除了作修饰语和谓语之外,还有一种功能,即放在动词(或形容词)之后表示动作的状况或程度。例如"他写得(的)好","马跑得(的)快"。有人把这类格式解释为一种主谓结构。譬如赵元任先生说:

> 有一种特殊的、常用的体词主语,末了儿是"的"字,后头跟着作谓语的形容词。例如:"他写的好","这个好的多"。[1]
> 在"他写的(东西,样子,……)好"这句话里头,"写的"的意思是说写的东西,写的样子。"他写的"是主语,"好"是谓语。[2]

龙果夫也有类似的意见。他认为"马跑得(的)快"里头的谓语"跑得(的)快"本身是一个主谓结构。"跑得(的)"是由动词"跑"和词尾"的"组成的动名词(отглагольное имя)。[3]

---

[1] 李荣编译:《北京口语语法》,18 页。
[2] 同上。
[3] 《现代汉语语法研究》,96 页。

这种说法包含两方面的论断：一，"写得（的）"，"跑得（的）"是体词性结构；二，"写得（的）好"，"跑得（的）快"是主谓结构。

我们认为第一个论断是不能成立的。理由如下：

从意念上说，"写得（的）好"里的"写得（的）"固然可以解释为"写的东西"或"写的样子"，但是"这个字的样子写得（的）好"里头的"写得（的）"就很难说它指的是什么。再从方言来看，体词性结构（吃的、穿的）后头的"的"跟补语结构里的"得"显然不是一个东西。譬如上海话，前者是[gəʔ]，后者是[təʔ]；广州话，前者是[kɛ]，后者是[tɐk]，北京话把这两个成分混同起来完全是偶然的事。再从历史上看，"写得"，"跑得"一类结构具有显著的动词性。第一，它们可以放在"把"字句里充任主要动词。例如：

把那文行出处都看得轻了。（《儒林外史》）

右手把笔蘸得饱了。（《儿女英雄传》）

第二，后面可以带宾语。例如：

况且崔宁一路买酒买食，奉承得他好。（《京本通俗小说》）

要说为伏侍的你好，不叫我去，断然没有的事。（《红楼梦》）

最后，也是最重要的一点，现代汉语里另有一类由动词（或形容词）加上"的"转化为体词结构之后作形容词的主语的格式。从形式上看，它们跟"写得好"，"跑得快"一类格式毫无区别，但二者的意义却完全不同。比较：

一	二
煮的烂，蒸的不烂。	煮得（的）烂，才好吃。
好的多，坏的少。	这本（比那本）好得（的）多。

大的好,小的不好。　　　但是还得看,为的是大得好,在太阳里嫩黄得好。(《朱自清文集》)

这两类格式界限分明,不容混淆。龙果夫的理论本来是用来解释第二类格式的,现在由于有第一类格式的存在,这个理论就站不住了,可是用它来解释第一类格式倒是非常圆满的。

关于第二个论断,因为牵涉的问题太多,我们不想在这里谈。在下文的讨论里,我们暂时按照通常的说法,把这类结构叫作补语结构,并且把它当作一个整体看待,即不去分析这种格式里的动词跟形容词结构上的关系。

"写得好","跑得快"里的形容词可以是甲类成分,也可以是乙类成分。例如:

甲式	乙式
写得好。	写得很好。
飞得高。	飞得高高的。
擦得干净。	擦得干干净净的。
擀得细。	擀得细溜溜的。

这两类格式的区别决定于补语部分。这就是说,甲式和乙式的区别也就是甲类成分和乙类成分的区别。从功能上说,甲式相当于一个甲类成分,乙式相当于一个乙类成分。

先看用作定语的情形。甲式修饰名词时是限制性的,乙式则是描写性的。比较:

　　{擀得细的面条好吃。
　　 想不到碗里是赶(擀)得细溜溜的白面条。(《新儿女英雄传》)

> 那时候,大家都破破烂烂,穿得整齐的人很少。
> 一边摸着那匹兔灰儿马的剪得整整齐齐的鬃毛……(《暴风骤雨》)

这两类修饰语的语法性质完全不同,"擀得细的"应分析为"擀得细/的","擀得细溜溜的"应分析为"擀得/细溜溜的"。前者是体词性结构,后者是形容词性结构。认清了这两类格式的性质,我们就懂得为什么前者不能作状语,而后者却经常作状语。例如:

擀得细溜溜的下到锅里。
洗得干干净净地收着。
忽见湘云穿得齐齐整整的走来。(《红楼梦》)

4.2 甲、乙两式作谓语的时候的区别也相当于甲类成分和乙类成分作谓语时的区别。第一,甲式带有比较或对照的意味,因此往往是两件事对比着说的。例如:

攀得高,跌得重。(《老残游记》)
站得高,看得远。
这张相片照得好,洗得不好。
我买得多,他买得更多。

其次,甲式作谓语时表示的是恒久的、静止的状态,乙式则带有变化的性质。从功能上说,甲式相当于一个形容词,乙式则相当于一个动词。最能证明这一点的是下面两件事:

第一,乙式可以跟某些介词("把","被","叫"等等)配合,充任句子里的主要叙述词;甲式没有这种功能。例如:

小心,小心!不要把一个失望的女人逼得太狠了。(《曹禺剧本

选》)

你别把我这个做嫂子的心看得(举起小手指一比)这么"不钉点儿"大。(又)

把什么都抢得精光。(《张天翼选集》)

于是他把嘴张得大大的。(又)

又把嗓子放得低低的。(《赵树理选集》)

月光把那条通往城里的柏油马路照得又光又亮。(《说说唱唱》54.5.25)

只觉得墙壁被炊烟熏得很黑。(《冰心小说散文选集》)

叫她心上压得很难受。(《张天翼选集》)

队伍给打得稀散。(又)

可是手脚全给抱得紧紧的。(又)

第二,乙式可以受"已经","早就","连忙","马上"一类时间副词的修饰——这些副词的特点在于它们只能修饰含有时间意义的语言成分;甲式不受这一类副词的修饰。例如:

已经想得很透彻。(《曹禺剧本选》)

那些杠夫们已经走得很远。(又)

黛玉的两个眼圈已经哭得通红了。(《红楼梦》)

早就忘得干干净净的了。

原来两个眼早就哭得红红的了。(《解放军文艺》55.2.88)

连忙收拾的干干净净收着,等着姑娘回来。(《红楼梦》)

§5 形容词重叠式的感情色彩

5.1 形容词重叠式跟原式的词汇意义是一样的,区别在于原式单纯表示属性,重叠式同时还表示说话的人对于这种属性的主观估价。换句话说,它包含着说话的人的感情在内。

就这一点看来,汉语的形容词重叠式很象俄语的形容词感情式(экспрессивные формы прилагательных)。不过这仅仅是一种比附而已,事实上二者是很不相同的东西。俄语的形容词感情式和原式的区别仅仅在于带不带感情色彩这一点上,它们的造句功能是一样的;汉语的形容词重叠式和原式的主要区别却正在造句功能上。在大多数情形之下,用重叠式还是用原式要由语言结构本身决定,说话的人自由选择的机会不多。因此,汉语的形容词重叠式所表示的感情色彩远不如俄语形容词感情式那样鲜明,有时甚至是相当隐晦的。

5.2 形容词重叠式在句子里可能占据的位置有四种:
(1) 定语
(2) 谓语
(3) 状语
(4) 补语

不管在哪种位置上,不完全重叠式都表示憎恶、轻视的意味。例如:

一瞧见他那傻里傻气的样子,我就心烦。

我不大喜欢老道的装束,尤其是那满蓄着的长头发,看上去罗里罗唆腥里腥腥的。(《朱自清文集》)

他就不肯积蓄一点,水似的化钱。十三大人还疑心我们得了什么好处。有什么屁好处呢?他就冤里冤枉胡里胡涂地化掉了。(《鲁迅小说集》)

你看你那眼直瞪瞪的,喝得胡里胡涂的样子!我,我真有点看不下去。(《曹禺剧本选》)

5.3 完全重叠式的情形要复杂得多,因为它所表示的感情色彩不象不完全重叠式那样显著,而且在句子里的位置不

同,它所表现的感情色彩也不同。一般说来,完全重叠式在状语和补语两种位置上往往带着加重、强调的意味。例如:

> 您行行好,您再重重地给我一拳。(《曹禺剧本选》)
> 你的菜做得不坏,有一位老在行大大地夸奖过你。(《朱自清文集》)
> 这种同情心把他和董长兴紧紧地连在一起。(《中国人民的脚步声》)
> 等明年开了春,可要认认真真的用起功来了。(《儿女英雄传》)
> 恭恭敬敬接住,就在烟灯上点着,靠床沿站着吸起来。(《李家庄的变迁》)
> 小喜虽然还是用上等人对一般人的口气,可也是亲亲热热地问长问短。(同上)
> 我自己会走,我要走得远远的。(《曹禺剧本选》)
> 三步两步抢上台阶儿,慌忙把那件东西抱得紧紧的,竟不曾摔在地下。(《儿女英雄传》)
> 这层话,姐姐已经交代的明明白白的了。还用我说甚么?(又)
> 我爱吃的,听见姑娘也爱吃,连忙收拾的干干净净收着,等着姑娘回来。(《红楼梦》)

5.4 在定语和谓语两种位置上的时候,完全重叠式不但没有加重、强调的意味,反而表示一种轻微的程度。比较:

状 语	补 语
大大地请一次客	写得大大的贴在墙上
高高地挂了起来	挂得高高的
细细地看了一遍	碾得细细的

定 语	谓 语
短短的头发,大大的眼睛	眼睛大大的,象个洋娃娃

> 高高的个子,四十来岁　　　个子高高的
> 细细的枝子　　　　　　　　枝子细细的

有人说:"'轻轻的'比'轻'的程度要深一些,'红红的'却反比'红'的分量差一些"。① 这就是因为"轻轻的"经常作状语或补语,"红红的"却经常作定语或谓语。要是把位置对调一下,意味也就会跟着起变化。比较:

> 在每一只船从那边过去时,我们能画出它的轻轻的影和曲曲的波。(《朱自清文集》)
> 把嘴唇抹得红红的。

龙果夫在讨论名词词尾"儿"的时候说:"在汉语里,跟在许多其他语言里一样,小称意义常常跟爱称意义交错起来,前者常常转化为后者。"②形容词重叠式的情形也一样,我们如果仔细分析一下,就会发现,在定语和谓语两种位置上的重叠式也往往含有爱抚、亲热的意味。例如:

> 可是几天之后,我反倒爱"我的"小屋了。屋里有白白的墙,还有条长桌,一把椅子,这似乎都是我的。(《老舍选集》)
> 他圆圆的头,大大的眼睛,黑黑的皮肤,结实的挺起的胸膛。(《冰心小说散文选集》)
> 彬彬有着长长的眉,大大的眼睛,高高的鼻子,小小的嘴。(又)
> 瞧瞧!人家新新儿的靴子给踹了个泥脚印子,这是怎么说呢?(《儿女英雄传》)
> 你容我说吧,这本小小的书确已使我充实了。(《朱自清文集》)

---

① 季高:《用叠字组成的形容词》(《语文学习》,1952年2月号,24页)。
② 《现代汉语语法研究》,70页。

弯弯的眉毛大大的眼,红红的嘴唇赛樱桃。(《说说唱唱》54.6.17)

晚饭的素菜,要一样凉凉的酸酸的东西。(《红楼梦》)

高高的孤拐,大大的眼睛,最干净爽利的。(又)

他是个小胖子,短短的腿,走起路来,蹒跚可笑。(《朱自清文集》)

又见凤姐儿站在那边,也不盛粧,哭的眼睛肿着,也不施脂粉,黄黄脸儿,比往常更觉可怜可爱。(《红楼梦》)

脸儿红红的,眼睛亮亮的。(《新儿女英雄传》)

眉毛弯弯的淡淡的象新月。(《冰心小说散文选集》)

象我所在的乡间,芊芊的碧草踏在脚上软软的,正象吃樱花糖。(《朱自清文集》)

近处山角里一座……塔,粗粗的,矮矮的,正当着一个青青的小山峰,让两边儿的山紧紧抱着,静极,稳极。(又)

"大大的眼睛","黑黑的皮肤","高高的鼻子","弯弯的眉毛"不是说大、黑、高、弯等属性已臻极致,而是说恰到好处。最明显的是八、九、十这几个例子,高孤拐(颧骨),短腿,黄脸决不是可爱的形象,但是换用重叠式以后,给人的印象就完全不同了。

以上的话只适用于单音形容词,双音形容词的重叠式放在定语和谓语两种位置上就只有小称意义,没有爱称意义。例如:

内中又有袭人,也还是个妥妥当当的孩子。(《红楼梦》)

"嗯,他说了些什么?""没有什么!——平平常常的话。"(《曹禺剧本选》)

阿弥陀佛,你快别问我,我那里知道这些事?罪罪过过的!(《红楼梦》)

可往那里去呢？怪腻腻烦烦的。（又）

我老了，我愿意家里平平安安的。（《曹禺剧本选》）

你不要以为她一句话不说，仿佛厚厚道道，没心没意的。（又）

不说话，待人好，心地厚道，总是和和气气，不言不语的。（又）

但我却从来没有看见过她有一毫勉强慌张的态度，匆忙忧倦的神色，总是喜喜欢欢从从容容的。（《冰心小说散文选集》）

请来这么一位风水先生，一看：也有五十多岁了，文文雅雅的，倒象那么一回事。（评书《梦狼》）

5.5　我们还可以从另外一个角度上来考察这个问题。现代汉语的形容词不是全部都有重叠式的。拿单音形容词来说，有两类是不能重叠或很少重叠的。第一类是前面提到过的绝对的性质形容词，例如"错"，"假"，"横"，"竖"，"粉（粉牡丹）"，"紫"等等。第二类是一些所谓"坏字眼"，例如"坏"，"丑"，"臭"，"歹"，"怪"，"野"，"穷"，"乱"，"破"，"腥"，"膻"，"脏"，"旧"等等。这两类形容词之所以不能重叠，显然是跟重叠式有表示加重、强调和爱抚、亲热两种感情色彩这个事实相关联的。

有些"坏字眼"偶尔也能重叠，但多半是在状语或补语两种位置上：

坏坏地使一个主意。

故意把脸上弄得脏脏的。

如果放在定语或谓语的两种位置上，意味就会起变化。例如：

脏脏的小脸，怪惹人爱的。

这豆腐臭臭的，挺有味儿。

有的时候，特定的语言环境消除了重叠式所含的爱抚、亲热的意味，甚至使它带上相反的色彩。例如：

那龟板,瘦长脸儿,高颧骨,留着仁丹胡子;会说中国话。他捻着胡子,抬起下巴,两只黄黄的小眼珠斜瞅着何世雄。(《新儿女英雄传》)

不过这时候,重叠式仍旧保持着它的小称意义,即表示轻微的程度。

(《语言研究》1956年第1期)

句法结构

§0 引 言

0.1 任何句法结构都可以从两个不同的方面来观察:第一是把它当作一个复杂的组合来看它的内部构造,第二是把它当作一个整体来看它的语法功能。一般语法著作对于句法结构往往同时用两套不同的办法来分类,用一套办法分出来的结果是主谓结构、偏正结构、联合结构等等,用另一套办法分出来的结果是名词性结构、动词性结构、副词性结构等等。第一种分类的依据是内部构造,第二种分类的依据是语法功能。

0.2 根据功能给句法结构分类,问题比较简单。如果说也会碰到困难的话,这种困难跟我们划分词类时所碰到的困难性质是一样的。根据构造给句法结构分类,问题要复杂得多,因为所谓"构造"不是一个单纯的概念,它是由许多复杂的因素(例如层次、词序、功能等等)共同规定的。根据不同的因素给句法结构分出来的类有宽窄的不同。当我们说"买票"跟"住房子"是同类的结构时,这个"类"是比较狭窄的,当我们说"白马"和"好好说"是同类的结构时,所指的类就要宽泛得多。本文的目的在于给这些宽窄程度不同的结构类型作形式上的分析,即指出决定这种种不同的结构类型的形式上的因素是什么。

0.3　由于汉语的语调、轻重音等方面还没有人作过系统的研究,因此在下文的讨论中,我们只能暂时把这些跟句法结构有密切关系的因素撇开不谈。从这方面说,本文对于句法结构的讨论是片面的。但是我们相信这个缺陷对于确定句法结构类型的原则来说并没有很大的影响。如果本文的分析能够成立的话,那末当我们把语调、轻重音等等因素考虑进去的时候,只会使我们描绘的蓝图更加细致,不会根本改变这个蓝图的轮廓。

§1　语法构造的层次性

1.1　"猫捉耗子"和"猫吃耗子"不是同一个句子,因为包含的词不一样。"猫捉耗子"和"耗子捉猫"包含的词是一样的,但也不是同一个句子,因为词的排列顺序不同。由相同的词按照相同的顺序造成的句子也不一定都是同一个句子,例如"咬死了猎人的狗"有两个意思,分别代表两种不同的语法构造:

咬死了/猎人的狗 ·················· （A）
咬死了猎人的/狗 ·················· （B）

(A)和(B)的"形式"完全一样(包括的词完全相同,词的排列顺序也完全相同),可是二者的层次构造不同。(A)是由"咬死了"和"猎人的狗"两部分组成的,(B)却是由"咬死了猎人的"和"狗"两部分组成的。

1.2　当我们说"咬死了猎人的狗"的时候,如果没有上下文或语言环境的暗示,听话的人可以有不同的理解,有人理解为(A),有人理解为(B)。这跟我们观察下面三个立方体图形时所发生的情况极为类似：

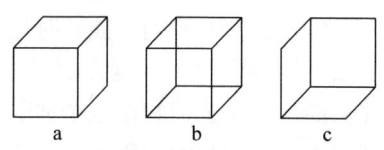

a　　b　　c

当作平面上的一组线条来看，a，b，c 三个图形都不一样。当作平面上画的立方体来看，a 和 c 不一样，可是 b 有时象 a，有时象 c。我们可以"随心所欲"地把 b 看成和 a 一样，或和 c 一样。不过"b 象 a"和"b 象 c"是不相容的，即互相排斥的，我们不能同时把 b 看成又象 a，又象 c。"咬死了猎人的狗"的情形也是如此，我们可以把它理解为："别的什么动物咬死了猎人的狗"，也可以把它理解为"狗咬死了猎人"。不过这两种不同的理解只能交替出现，不能同时并存。[①]

1.3　既然词形相同、词序也相同的语言片段在层次构造上仍旧可以有不同，可见对于语法构造来说，层次是独立于词形和词序之外的一个"初始观念"。换句话说，层次构造这个观念是不可能从词形和词序等观念里推导出来的。因此要证实几个语言片段是否"同一"，至少要从以下三方面观察：第一，这些片段所包含的词是否相同，第二，词的排列顺序是否相同，第三，层次构造是否相同。我们说"至少"要从这三方面观察，因为词形相同、词序相同、层次相同三者只是语言片段同一的必要条件，还不是充分条件。关于这一点我们留到下文再讨论。

---

① 看 Charles F. Hockett：*Two Models of Grammatical Description*，Word 10. 210—231，1954。

§2 层次分析

2.1 语言构造既然是有层次的,因此在分析一个语言片段时,除了把它分割成若干基本单位(就句法平面说,就是词),并且指出这些单位的排列顺序之外,还得分析这个语言片段的层次构造。举例来说,如果我们把"咬死了猎人的狗"分析为:

咬　死　了　猎人　的　狗…………(1)
　1　　2　　3　　4　　5　　6

这个图式只告诉我们"咬死了猎人的狗"是由"咬""死""了""猎人""的""狗"等六个词按照图中数字所标记的顺序组成的。这种分析是一种表面的分析,没有反映出语法构造的实质,因为不能说明为什么"咬死了猎人的狗"会有两种不同的意义。如果把层次构造考虑在内,那末"咬死了猎人的狗"就有两种可能的分析法:

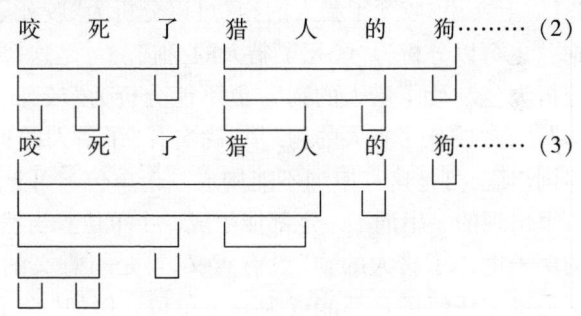

咬　死　了　猎　人　的　狗………(2)

咬　死　了　猎　人　的　狗………(3)

(2)和(3)表面上是一样的,但是层次构造不同,意思也不一样,可见代表两个不同的语言格式。

2.2 抽象地说,如果有一个复杂的语言格式 A,我们不能一下子把它分析为若干个词,而要按照下列的方法分析:

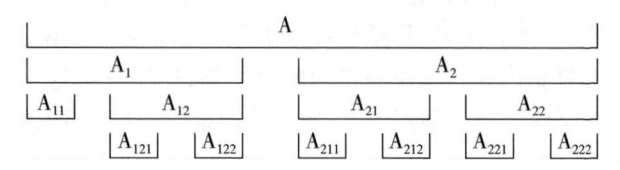

```
|──────────────── A ────────────────|
|──── A_1 ────|──────── A_2 ────────|
| A_11 |  A_12  |   A_21   |   A_22  |
       |A_121|A_122|A_211|A_212|A_221|A_222|
```

我们不把 A 一下子分成 A_{11},A_{121},A_{122},A_{211},A_{212},A_{221},A_{222} 等等,而是先把 A 分成 A_1 和 A_2 两部分,然后把 A_1 分成 A_{11} 和 A_{12} 两部分,把 A_2 分为 A_{21} 和 A_{22} 两部分。A_{12} 又可以分为 A_{121} 和 A_{122} 两部分。这样分析下去,一直分析到词为止。我们把 A_1 和 A_2 叫作 A 的直接成分,把 A_{121} 和 A_{122} 叫作 A_{12} 的直接成分。这种顺次找出一个语言格式的直接成分的方法叫作层次分析法。

§3 语法形式

3.1 上文说"咬死了猎人的狗"可以分析为"咬死了/猎人的狗",也可以分析为"咬死了猎人的/狗"。可是这个格式不能分析为"咬/死了猎人的狗",更不能分析为"咬死/了猎人的狗"。在"咬死了猎人的狗"里,确实有"了猎人的狗"这样一串词出现,可是这一串词不能构成一个单位。可见能够在语言里出现的一串词不一定都能组成一个单位。当然在上面举的例子里,"了猎人的狗"没有意义,可是有意义的一串词也不见得在任何场合都能成为一个单位。例如"会下雨"是有意义的,可是在"会不会下雨"里,"会下雨"就不成其为单位,因为我们不能把这个格式分析为"会不/会下雨"。

3.2 为了进一步说明这个道理,我们看下边这个例子:

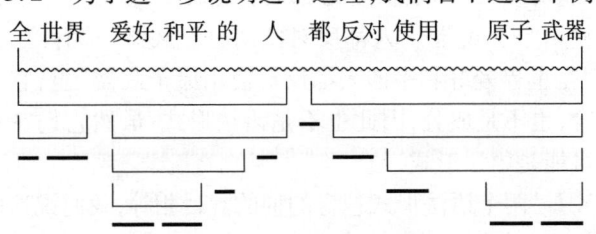

全 世界　爱好 和平 的　人　都 反对 使用　原子 武器

我们用层次分析法把这段话分割成许多大大小小的片段。如果我们把一个大片段里包含的小片段叫作"成分",反过来把由小片段合成的大片段叫作"组合",于是上图中的片段不外以下三类。

  a. ——是成分,不是组合;
  b. 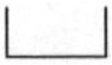 |＿＿|是成分,又是组合;
  c.  |〜〜|是组合,不是成分。

a 是词,c 是句子,b 是由两个或两个以上的词组成的词群。我们把这三类语言片段合起来称为"语法形式"。

  语法形式是由具体的语言里分析出来的成分或组合。

  3.3 根据我们的定义,上面例子里的"世界爱好""人都"等等都不是语法形式,因为它们既不是成分,又不是组合。在上面的图式里,它们都是跨段的。例如"世界爱好"就跨"全世界"和"爱好和平的人"两段:

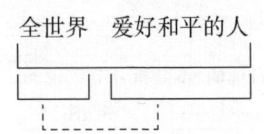

全世界　爱好和平的人

事实上,"世界爱好""人都"等等在任何句子里都不可能是语法形式。

"世界爱好""人都"等等都没有意义。"爱好和平的人都反对使用原子武器""人都反对使用原子武器"都有意义,但是在"全世界爱好和平的人都反对使用原子武器"里,它们既非组合,也不是成分,因此也不是语法形式,虽然它们在别的场合可能是语法形式。

3.4 两个语法形式包含的词的数目相等,我们说这两个语法形式的长度相同。①

3.5 假定有两个长度相同的语法形式 S_1 和 S_2,如果它们每一次划分出来的直接成分都一一对应,而且长度相同,那末我们就说 S_1 和 S_2 的模式相同,或者说 S_1 和 S_2 同模。例如:

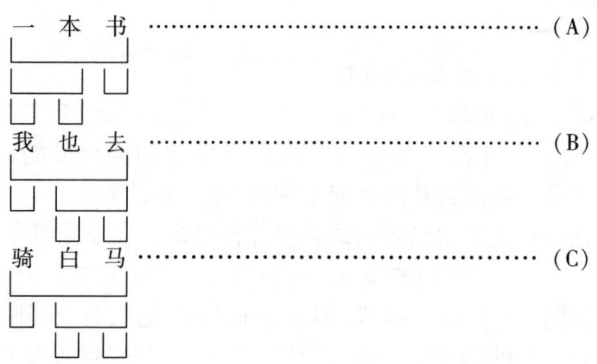

一 本 书 ………………………………………(A)

我 也 去 ………………………………………(B)

骑 白 马 ………………………………………(C)

(B)和(C)同模,(A)和(B)(C)不同模。

---

① 注意,我们所谓长度是指词的数目说的,不是指音节数说的。词数相同,音节数不一定相同。比较:
(a) 到乌鲁木齐去
(b) 会不会下雨
从音节数说,(a)比(b)长;从词数说,(b)比(a)长。

很明显,模式相同的语法形式长度必然相同,长度相同的语法形式,模式不一定相同。

§4 狭义同构

4.1 比较下面两个语法形式:

写两封信 ……………………………………（A）
养三只鸡 ……………………………………（B）

(A)和(B)有以下一些共同点:

(1) 长度相同;

(2) 包含的词的词类相同,都是一个动词,一个数词,一个量词,一个名词;

(3) 词的排列顺序相同,都是:1.动词,2.数词,3.量词,4.名词;

(4) 层次构造相同,都是:

动词—数词—量词—名词

(5) 相对应的语法形式的功能相同。① 具体地说,就是:

写两封信 = 养三只鸡②
写 = 养

---

① 本文所谓功能指语法形式的分布的总和(total distribution)。参看 Z. S. Harris: *Methods in structural linguistics*, 243—246 页。

② x = y,表示 x 和 y 的语法功能相同,不是说 x 和 y 是一个东西。

两封信 = 三只鸡

两封 = 三只

信 = 鸡

两 = 三

封 = 只

根据以上五点,我们确定(A)和(B)结构相同。反过来说,在下面这几组语法形式里——

$$\begin{cases}供给/制度 \cdots\cdots\cdots\cdots\cdots\cdots\cdots\cdots\cdots\cdots\cdots\cdots\cdots\cdots (C_1)\\ 写/信 \cdots\cdots\cdots\cdots\cdots\cdots\cdots\cdots\cdots\cdots\cdots\cdots\cdots\cdots\cdots\cdots (C_2)\end{cases}$$

$$\begin{cases}一个/人 \cdots\cdots\cdots\cdots\cdots\cdots\cdots\cdots\cdots\cdots\cdots\cdots\cdots\cdots (D_1)\\ 一个/大(一个小) \cdots\cdots\cdots\cdots\cdots\cdots\cdots\cdots\cdots\cdots (D_2)\end{cases}$$

$$\begin{cases}咬死了/猎人的狗 \cdots\cdots\cdots\cdots\cdots\cdots\cdots\cdots\cdots\cdots (E_1)\\ 咬死了猎人的/狗 \cdots\cdots\cdots\cdots\cdots\cdots\cdots\cdots\cdots\cdots\cdots (E_2)\end{cases}$$

(C_1)和(C_2)包含的词词类相同,排列顺序和层次构造也相同,都是"动/名",但功能不同:(C_1)是名词性的,(C_2)是动词性的。(D_1)和(D_2)里的"人"和"大"词类不同,整个格式的功能也不同。(E_1)和(E_2)是由同一组词构成的,但层次构造不同,整个格式的功能也不同。因此,(C_1)和(C_2),(D_1)和(D_2),(E_1)和(E_2)都不是同结构的格式。

4.2 我们在上文比较(A)和(B)的构造时,曾经列举了五项共同点,实际上前三项是多余的。因为(5)已经指出(A)和(B)里所有相对应的语法形式的功能都相同,那末这两个格式里相对应的词的功能当然也相同,也就是说,属于同一个词类,可见有了(5),(2)就不必说了。同样,有了(4),(1)也可以不必说了。因为两个同模的语法形式长度必然相同。最后,如果两个语法形式同模,而且相对应的语法形式都同功能,那末组成这两个语法形式的词的排列顺序也必然相同,可见(3)也是多余的。总之,(4)(5)两项是确定两个语法形式结构相同的必要而且充分的条件。

根据以上所说,我们可以用同模和相对应的语法形式同功能两点来确定两个语法形式同构。抽象地说,假定有两个句法结构 $A_1A_2\cdots A_n$ 和 $B_1B_2\cdots B_n$,如果——

(1)模式相同,假定如下图:

```
A₁  A₂  A₃……Aₙ   B₁  B₂  B₃……Bₙ
|_____1_____|  |_____1'_____|
|_2_| |___3___|     |_2'_| |___3'___|
|4||5| ………        |4'||5'| ………
```

(2)相对应的语法形式功能相同,即:

$$1=1', 2=2', 3=3'\cdots\cdots;$$

那末 $A_1A_2\cdots A_n$ 和 $B_1B_2\cdots B_n$ 同构。

4.3 为了跟下文所说的"广义同构"相区别,本节所说的同构可以叫作"狭义同构"。

§5 广义同构

5.1 事实上同结构的语法形式不一定同长度,比较:

一所房子 …………………………………… (A_1)
两本新书 …………………………………… (A_2)

A_2 比 A_1 长,但二者结构相同。同结构的语法形式也不一定同模式,例如:

```
访问  一所  工业  学校  的  学生  ……………（B₁）
```

```
访问  一位  工业  学校  的  学生  ……………（B₂）
```

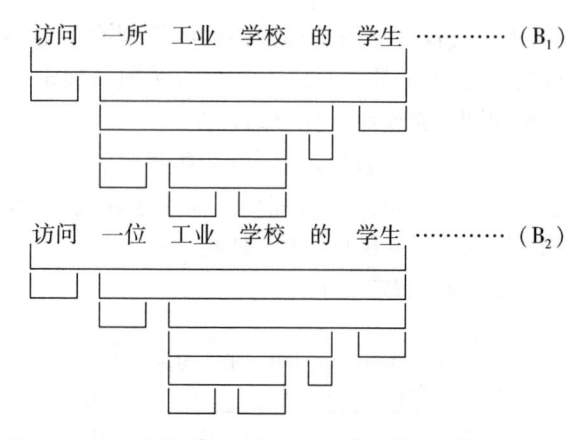

（B₁）和（B₂）不同模,①可是基本结构相同。② 根据§4 的定义,（A₁）和（A₂）,（B₁）和（B₂）都不同构。可见我们在§4 里给同构下的定义太窄了。如果我们认为（A₁）和（A₂）,（B₁）和（B₂）结构相同,那就必须给同构另下新的定义。为此我们先介绍"扩展"的观念。

5.2 两个语法形式 S_1 和 S_2,如果 S_2 不比 S_1 短（即 S_2 所包含的词的数目大于或等于 S_1 所包含的词的数目）,而且 S_2 和 S_1 的功能相同,我们就说 S_2 是 S_1 的扩展式。例如"昨天买的书"可以看成是"我买的书""古书""新鲜牛奶""桌子"的扩展式。"昨天买的书"比"古书""新鲜牛奶""桌子"长,因此我们只能说前者是后者的扩展式,不能说后者是前者

---

① 事实上（A₁）和（A₂）也不同模。长度不同,模式一定不同。但长度相同,模式不一定相同,如（B₁）和（B₂）。

② "访问一所工业学校的学生"还可以分析为（B₃）："访问一所工业学校的/学生"。（B₃）的构造和（B₁）（B₂）不同,不在讨论范围之内。

的扩展式。"昨天买的书"和"我买的书"长度相同,因此我们既可以说前者是后者的扩展式,也可以说后者是前者的扩展式。换句话说,它们互为扩展式。

5.3 现在我们来给同构下新的定义:如果 S_2 是 S_1 的扩展式,而且 S_2 的直接成分也都是 S_1 里的相对应的直接成分的扩展式,那末 S_2 和 S_1 同构。拿本节开头所举的(A_1)和(A_2),(B_1)和(B_2)两组例子来说。(A_2)是(A_1)的扩展式,(A_2)的直接成分"两本"和"新书"也分别是(A_1)的直接成分"一所"和"房子"的扩展式;(B_2)是(B_1)的扩展式,(B_2)的直接成分"访问"和"一位工业学校的学生"也分别是(B_1)的直接成分"访问"和"一所工业学校的学生"的扩展式。因此(A_1)和(A_2)同构,(B_1)和(B_2)同构。

根据这个定义,结构相同的语法形式就是整体以及相对应的直接成分都有扩展关系的语法形式。这个定义比我们在§4里给同构所下的定义更宽泛,同时也更概括。§4里所说的同构只是本节所说的同构的一种特殊情况。为了跟§4所说的同构区别开,本节所说的同构可以叫作"广义同构"。

狭义同构和广义同构的最根本的区别在于:狭义同构要求两个结构相应的语法形式全面对应,即两个同构的语法形式必须从整体一直到它最小的组成成分(词)在功能上都一一对应;广义的同构只要求两个语法形式本身的功能以及它们的直接成分的功能一一对应,至于直接成分本身的构造如何则不在考虑范围之内。[①]

[①] 根据广义的同构,一个语法形式可以跟它自身的一部分同构,例如"小红花儿"和"红花儿"同构。根据狭义的同构,这是不可能的。

5.4 在我们给狭义同构和广义同构所下的定义里,语法形式本身功能相同是必要条件之一。我们现在要问:把这一点包括在同构的定义里有什么意义?

为了便于说明问题,我们姑且以只包含两个词的结构 XY 为例。对于这种最简单的句法结构来说,狭义同构和广义同构实际上是一回事。因为无论根据狭义同构或广义同构的定义,X_1Y_1 和 X_2Y_2 同构的条件都是:

(1) $X_1Y_1 = X_2Y_2$ (2) $X_1 = X_2$ (3) $Y_1 = Y_2$

现在的问题是条件(1)是否必要。换句话说,光凭(2)和(3)能不能决定 X_1Y_1 和 X_2Y_2 同构。

对于某些形态比较丰富的语言来说,条件(1)可能是多余的。但汉语的情形显然不是如此。因为在汉语里满足条件(2)和(3)的语法形式不一定同构。例如:

A { 烤白薯(述宾)① ············· (A_1)
    烤白薯(偏正) ············· (A_2)

B { 经济困难(主谓) ············· (B_1)
    经济困难(偏正) ············· (B_2)

C { 下去(后补) ············· (C_1)
    下去(连动)② ············· (C_2)

拿 A 组来说,A_1 和 A_2 符合条件(2)和(3),但是跟条件(1)不符合(A_1 是动词性的,A_2 是名词性的)。如果把条件(1)从同构的定义里排除出去,我们就不能说明 A_1 和 A_2 为什么是不同的结构。可见对于同构的定义来说,条件(1)是必要的。

---

① 我们把通常说的动宾结构改称为述宾结构。述宾结构的两个直接成分分别叫作述语和宾语。

② 例如"你喜欢下井你下去,我可不敢下。"

§6　异类同构

6.1　在确定两个语法形式结构是否相同的时候,我们往往还考虑到下面这样一个因素:由这两个语法形式推导出来的一系列格式之间是否有对应关系。比较:

　　A:写信　　　　　　B:买票
　　A_1:写一封信　　　B_1:买两张票
　　A_2:写完信　　　　B_2:买好/票
　　A_3:写不写信　　　B_3:买不买票
　　A_4:写信不写　　　B_4:买票不买
　　A_5:写的信　　　　B_5:买的票
　　A_6:信写了　　　　B_6:票买了

A_1,A_2…是由 A 推导出来的格式,B_1,B_2…是由 B 推导出来的格式。因为 A_1,A_2…分别和 B_1,B_2…相对应,我们由此确定 A 和 B 结构相同。①

在上面举的例子里,横行格式(A 和 B,A_1 和 B_1…)狭义同构;竖行格式有两种情形:A_1,A_2,A_3 跟 A 广义同构,A_4,A_5,A_6 跟 A 不同构。我们根据这一点把 A_1,A_2,A_3 跟 A_4,A_5,A_6 分开,管 A_1,A_2,A_3 叫作 A 的扩充式,管 A_4,A_5,A_6 叫作 A 的变换式。同样,B_1,B_2,B_3 是 B 的扩充式,B_4,B_5,B_6 是 B 的

---

① 没有人正面提出把这一点作为判断同结构的原则,可是我们常常凭直觉把它作为一个当然的原则来解决具体问题。例如吕冀平同志认为"走进来一个人"跟"拿出来一本书""扔过来一个球"等等结构相同,其中的"人"跟"书""球"一样:是宾语,不是主语。他的根据是下面的类比:

　　　　　　走进来一个人　　　　　拿出来一本书
　　　　　　走进一个人来　　　　　拿出一本书来

见《汉语的主语宾语问题》,211 页。

变换式。扩充式和变换式合起来叫作推导式。

扩充式和变换式都是从原格式推导出来的,区别在于扩充式跟原格式同构,①而变换式跟原格式不同构。我们在5.2里指出,几个语法形式功能相同,就可以说它们之间有扩展关系。扩充式跟原格式功能相同(二者同构),可见扩充也是一种扩展。②

如果两个语法形式 S_1 和 S_2 狭义同构,那末它们所有的扩充式都必然互相对应。③ 变换式的情形就不是这样,我们不能保证狭义同构的语法形式的变换式都一一对应(看§8)。不过如果两个语法形式真是狭义同构的话,它们总有一部分变换式是互相对应的。

6.2 狭义同构和广义同构可以根据语法形式本身(整体)以及相应的组成部分的功能来确定,不必凭借推导式。推导式的作用在于它能帮助我们确定相对应的组成部分功能

---

① 扩充式的比较严格的定义如下:
假定我们在一个语法形式 AB 里(A 和 B 是 AB 的直接成分)加进另一个语法形式 C 去,由此得出一个新的语法形式 ACB(或 CAB,或 ABC)。如果——
(1) C 跟原格式里的直接成分之一(A 或 B)结合在一起充任 ACB(或 CAB,或 ABC)的一个直接成分;
(2) 这个直接成分 AC(或 CB,或 CA,或 BC)是向心结构(看§7),而且 A(或 B)是向心结构的核心部分;
(3) ACB(或 CAB,或 ABC)跟 AB 同构;
我们就说 ACB(或 CAB,或 ABC)是 AB 的扩充式。
② 扩展式和原式包含的词可以完全不同(例如:买票→写一封信),扩充式必然包括原式所有的词在内(例如:买票→买两张票)。扩展式可以比原式长,也可以跟原式一样长;扩充式一定比原式长。
③ 这就是说,对于 S_1 的任意一个扩充式 S_1',我们可以相应地由 S_2 推导出一个扩充式 S_2',使得 S_2' 跟 S_1' 完全同构。反之亦然。

不同或不完全相同的语法形式是否同构。举例来说：

  喜欢看……（A） 买票……（B）

（A）和（B）的直接成分里只有一对功能相同（喜欢＝买），另一对功能不同（看≠票）。因此无论根据狭义同构或广义同构的定义，（A）和（B）都不能算是相同的结构。可是这两个语法形式的整体功能相同，而且它们的一部分推导式之间存在着对应关系。比较：

  喜欢看   买票
  喜欢不喜欢看 买不买票
  喜欢看不喜欢 买票不买

根据这种情况，我们说（A）（B）同构。这种新的同构观念比广义同构更为宽泛，我们管它叫作异类同构。

  （A）和（B）的扩充式并不是全部都互相对应的。例如：

  喜欢看   买票
  喜欢看小说 —
  喜欢躺着看 —
  —   买一张票
  —   买明天的票

这个现象只能证明（A）和（B）不是狭义同构，不能证明（A）和（B）完全不同构。我们知道，所有的扩充式都互相对应是狭义同构的语法形式的性质，异类同构的观念要比狭义同构宽泛得多，因此异类同构的语法形式的扩充式当然不可能全部互相对应。

  6.3 助动词跟它后头的动词之间是修饰关系还是述宾关系，这个问题是有争论的。根据异类同构的原则，我们认为解释为述宾关系是合理的。比较：

I		会去	会不去	会不会去	会去不会	不会不去
		能去	能不去	能不能去	能去不能	不能不去
		敢去	敢不去	敢不敢去	敢去不敢	不敢不去
		肯去	肯不去	肯不肯去	肯去不肯	不肯不去
		应该去	应该不去	应该不应该去	应该去不应该	不应该不去
		可以去	可以不去	可以不可以去	可以去不可以	不可以不去
II	II$_a$	喜欢去	——	喜欢不喜欢去	喜欢去不喜欢	不喜欢不去
		赞成去	赞成不去	赞成不赞成去	赞成去不赞成	不赞成不去
	II$_b$	买票	——	买不买票	买票不买	——
III		也去	也不去	——		
		马上去	——			
		好好儿地说	——			

I 是助动词加动词的格式，II 是述宾结构，III 是偏正结构。就推导式之间的对应关系看，I 跟 II 同构，I 跟 III 不同构。当然我们在 I 和 III 之间也可以找出一些互相对应的推导式来，例如：

　　　　I　　应该去　应该不去　应该今天去　应该跟他去
　　　　III　 也去　　也不去　　也今天去　　也跟他去

可是这并不足以证明 I 跟 III 同构，因为这样的推导式 II 类也有：

　　　　II$_a$　赞成去　赞成不去　赞成今天去　赞成跟他去

II$_a$ 和 II$_b$ 异类同构（宾语部分不同类），I 和 II$_b$ 也是异类同构（宾语部分不同类，述语部分小类不同：I 的述语是助动词，II$_b$ 是一般动词），I 和 II$_a$ 是狭义同构，但还不是完全同构（因为充任述语的动词小类不同），严格地说，也是异类同构。

　　我们把 I，II$_a$ 和 II$_b$ 都看成述宾结构，这只是说这三类格式在构造上有足够多的共同点使我们有理由把它们归为一个大类,并不是说这三类格式之间毫无区别。从异类同构的观点看,这三类格式同构,从狭义同构的观点看,Ⅰ,Ⅱ$_a$,Ⅱ$_b$都是不同的结构。可是无论从哪方面看,Ⅰ和Ⅲ都不能说是同类的结构。

§7 同型结构

7.1 从直接成分跟整体之间功能上的关系看,句法结构可以分成两大类:向心结构和背心结构。①

至少有一个直接成分跟整体同功能的结构叫作向心结构。所有的直接成分都跟整体不同功能的结构叫作背心结构。举例来说,"新房子"是向心结构(新房子＝房子),"上海和北京"也是向心结构(上海和北京＝上海＝北京);"凉的"是背心结构(凉的≠凉,凉的≠的)。

向心结构里跟整体同功能的直接成分叫作这个向心结构的核心。在"新房子"里,"房子"是核心,在"上海和北京"里,"上海"和"北京"都是核心。

7.2 比较下列几个格式:

新房子 …………………………………………（A）
木头房子 ………………………………………（B）
上海和北京 ……………………………………（C）

(B)本身是名词性的,它的两个直接成分"木头"和"房子"也都是名词。从这一点看起来,(B)似乎跟(C)一样,也有两个核心。这个观察显然是错误的,因为"木头"和"房子"虽然都

---

① 向心结构(endocentric construction)和背心结构(exocentric construction)采用王力先生的译名(《中国语法理论》,上册,47页)。关于这两种结构参看 L. Bloomfield, *Language* 194—196 页。

是名词,它们的功能并不完全一样:"木头"能在量词"块""根"等等之后出现,不能在量词"所"之后出现:"房子"能在量词"所"之后出现,不能在"块""根"之后出现。这一点区别看来很细微,但是对(B)类格式说,却是非常重要的。因为(B)类格式本身对于量词的选择永远跟它的后一个直接成分(房子)一致,却不一定跟它的前一个直接成分(木头)一致。比较:

  一所房子   一所木头房子
  一根木头   *一根木头房子
  一块木头   *一块木头房子
  *一所木头   一所木头房子

可见(B)只有一个核心(房子),没有两个。换句话说,(B)跟(A)同类,跟(C)不同类。(A)和(B)是通常所说的偏正结构,①(C)是通常所说的联合结构。

  7.3 无论是狭义同构、广义同构还是异类同构的格式,整体功能都必然相同。可是偏正结构和联合结构却不是如此。比较:

    白马 ··· (A_1)

---

 ① 通常把下列格式也归入偏正结构:
  新的房子 ··· (D)
  一所房子 ··· (E)
事实上(D)(E)和(A)(B)是有区别的。(A)(B)只有一个核心,(D)(E)则有两个核心:
  新的房子 = 房子 = 新的
  一所房子 = 房子 = 一所
(D)(E)和(C)也不一样。(C)可以扩充为任意多个核心的向心结构。例如:
  上海和北京→上海、天津和北京→上海、天津、广州和北京。
(D)(E)不能这样扩充。("一所新房子"应分析为"一所/新房子",仍是两个核心,不是三个。)(D)(E)可以叫作同位结构。

很冷 ……………………………………… (A_2)

上海和北京 ………………………………… (B_1)

又快又好 ………………………………… (B_2)

(A_1)(A_2)都是偏正结构,可是功能完全不一样,(B_1)(B_2)都是联合结构,功能也完全不一样。由此可见,我们规定偏正结构和联合结构时所依据的标准要比规定狭义同构、广义同构、异类同构时所依据的标准宽泛得多。严格地说,(A_1)和(A_2),(B_1)和(B_2)都不能算相同的结构。通常把(A_1)和(A_2)归为一类,把(B_1)和(B_2)归为一类,不是因为它们的结构相同,而是因为它们的"构造模型"相同:(A_1)和(A_2)都是只包含一个核心的向心结构,而且都是核心部分在后,非核心部分在前;(B_1)和(B_2)都是包含两个核心的向心结构。我们说(A_1)和(A_2)同型,(B_1)和(B_2)同型。

7.4 如果我们认为同构的格式功能必须相同,那末同型和同构就是完全不同的两个观念。如果我们把同构的范围扩大,认为功能不同的格式在一定的条件下也可以算同构,那末同型也可以看成一种同构,不过在我们所介绍的几种同构观念里,这是最宽泛的一种了。

§8 变 换

8.1 在以上介绍的几种关于同构的观念里,狭义同构的条件最严,由此规定出来的同构格式的类也最窄。根据一般的语法分析方法(例如层次分析、扩展、替换等等),我们无法在狭义同构的格式里再分出更小的类来。换句话说,从一般的语法分析方法的观点看,狭义同构格式除了组成成分(词)

不同之外,它们的语法性质是完全一样的。

以上是就形式方面说。从意义方面说,情形就不是这样。根据狭义同构规定出来的格式在语法意义上仍旧可以有很大的差别。述宾结构里述语和宾语之间意义上的关系之纷繁和不一致就是一个突出的例子。

语法结构的形式和意义是不是永远一一对应的呢?这个问题现代语言学还不能作出圆满的答复。可是当形式和意义之间出现显著的不协调的时候,我们不应该以同样的结构可以表示不同的意义为借口把问题抛开不管,至少我们应该检查一下我们的方法,看看其中是否有什么缺陷。

8.2 我们所说的狭义同构是不是真正同构呢?用一般的语法分析方法确实无法再区分出更小的结构类型来,不过这只是因为我们的方法不够完善。事实上狭义同构的语法形式内部并不是完全一致的,这种不一致可以从它们对于特定的变换式的不同反应中看出来。我们举一个具体的例子来说明这个问题。

8.3 下面是一组狭义同构的语法形式:

1) 台上坐着主席团
2) 床上躺着病人
3) 树上结着苹果
4) 墙上挂着画儿
5) 门外点着灯
6) 身上盖着毯子
7) 外头裹着稻草
8) 额角上贴着膏药
9) 信封上写着地址

10) 台上唱着戏
11) 屋里开着会
12) 外头下着雨
13) 心里惦记着孩子

如果我们把处所名词记作 M_f,把指人或指物的名词记作 M_o,把动词记作 D,那末以上这一组语法形式可以写成:

$$M_f + D + 着 + M_o$$

这 13 个格式模式相同,都是"$M_f /\!/ D$ 着$/M_o$",而且相对应的语法形式都同功能,符合狭义同构的定义。我们说不出它们在语法构造上有任何差别。可是如果我们从这一组格式的变换式方面来进行观察,就会发现它们的语法性质并不完全一致。在一部分格式里,M_f 和 M_o 可以互换位置。位置调换以后,动词部分也得相应地改变形式,即把原来的"着"换成"在"或[tə°],①例如:

台上坐着主席团→主席团坐在(得)台上
床上躺着病人→病人躺在(得)床上
树上结着苹果→苹果结在(得)树上
墙上挂着画儿→画儿挂在(得)墙上
门外点着灯→灯点在(得)门外
身上盖着毯子→毯子盖在(得)身上
外头裹着稻草→稻草裹在(得)外头
额角上贴着膏药→膏药贴在(得)额角上
信封上写着地址→地址写在(得)信封上

M_f 和 M_o 调换位置以后,原来的格式变成了:

---

① 以下我们用汉字"得"来代表这个[tə°]。

$$M_o + D + 在(得) + M_f$$

简称为 S′。①

并不是所有的"$M_f + D + 着 + M_o$"都能变换为 S′,例如上面所举的(10)—(13)几个格式就不能这样变换("*戏唱在(得)台上""*会开在(得)屋里""*雨下在(得)外头""*孩子惦记在(得)心里"等等不能成立)。因此我们可以根据这一点把"$M_f + D + 着 + M_o$"分成两类:凡是能变换为 S′的是一类,不能变换为 S′的是另一类。我们把前一类记作 S_1,后一类记作 S_2。

S_1 和 S_2 的变换情况不同,语法意义也不一样:S_1 表示"存在",说明事物的位置,着眼点是空间;S_2 表示动作或行为的"持续",着眼点是时间。②

S_1 和 S_2 还有一点重要的区别:S_2 的动词前头可以加上副词"正在"("台上正在唱着戏""屋里正在开着会""外头正在下着雨"),S_1 的动词前头不能加"正在"("*台上正在坐着主席团""*床上正在躺着病人""*信封上正在写着地址"等等不能成立)。

总起来说,S_1 和 S_2 的对立有两方面:(1)S_1 的动词前头不能加"正在",S_2 的动词前头可以加"正在";(2)S_1 可以变换为 S′;S_2 不能变换为 S′。

---

① 在北京话里,"$M_o + D + 在 + M_f$"跟"$M_o + D + 得 + M_f$"两类格式都能说,不过用"得"比用"在"更普通。

② S_1 和 S′都表示存在,区别在于陈述的起点不同:S_1 是以位置为陈述的起点说到存在于这个位置上的事物,S′则是以事物为陈述的起点说到它们的位置。

8.4　S_1 和 S_2 的对立在下边这些格式里似乎消失了：

屋里摆着酒席

山上架着炮

屋里生着火

"屋里摆着酒席"的动词前头可以加上"正在"，说"屋里正在摆着酒席"，从这一点说，它是 S_2，可是这个格式同时又能变换为"酒席摆在（得）屋里"，从这一点说，它又是 S_1。这就陷入了矛盾。其实这个现象不难解释。"屋里摆着酒席"碰巧代表两个同形的格式。它有时是 S_1，有时是 S_2。当它是 S_1 的时候，表示事物的"存在"。这个时候，动词前头不能加"正在"，整个格式可以变换为 S′："酒席摆在（得）屋里"。当它是 S_2 的时候，表示动作的持续。这个时候，动词前头可以加上"正在"，整个格式不能变换为 S′。我们把"屋里摆着酒席"这类格式跟单纯的 S_1 和 S_2 比较一下，问题就更清楚了。单纯的 S_1 只表示事物的存在，不表示动作的持续，例如"台上坐着主席团"；单纯的 S_2 只表示动作的持续，不表示事物的存在，例如"台上唱着戏"。"屋里摆着酒席"却有两种可能：有时是说屋里"存在着"酒席（酒席已经摆在那儿了），此时是 S_1；有时是说"摆"的动作尚在持续（正在摆，还没摆好），此时则是 S_2。

8.5　我们再来看 S′ 的情况：

1) 主席团坐在（得）台上

2) 苹果结在（得）树上

3) 画儿挂在（得）墙上

4) 孩子掉在（得）井里

5) 箭射在（得）靶子上

6) 飞机落在（得）海里

7) 刀切在(得)石头上

8) 头碰在(得)墙上

这些也都是狭义同构的格式,一般的语法分析方法不能告诉我们这些格式在构造上有什么不同,可是根据 S' 和 S_1 之间的变换关系,我们很容易把这一类格式分成两组:(1)—(3)可以变换为 S_1,(4)—(8)不能变换为 S_1。我们把前一类记作 S'_1,把后一类记作 S'_2。①

S'_1 和 S'_2 的变换情况不同,语法意义也不一样:S'_1 表示事物的位置,是静态的;S'_2 表示运动的趋向,是动态的。

8.6 根据狭义同构,S_1 和 S_2 是相同的结构,S'_1 和 S'_2 是相同的结构;根据变换关系,S_1 和 S_2,S'_1 和 S'_2 都是不同的结构。把 S_1 和 S_2,S'_1 和 S'_2 看成相同的结构,形式和意义之间就产生了矛盾(相同的结构可以表示不同的语法意义),把 S_1 和 S_2,S'_1 和 S'_2 看成不同的结构,形式和意义之间的关系就比较协调(相同的结构表示相同的语法意义,不同的结构表示不同的语法意义)。

8.7 我们根据 S_1,S_2 跟 S' 之间的变换关系把 S_1 和 S_2 分成两类,可是我们不能保证这样分出来的类(S_1 或 S_2)就是最小的类,因为我们还可能根据别的变换关系再把 S_1(或 S_2)分成若干个更小的类。可见根据某种变换关系确定的同构格式也还不一定都是严格的同构,可是只有根据变换关系我们才有可能找出这种严格意义的同构格式来。

(《中国语文》1962 年 8—9 月号)

---

① S'_1 和 S_1 有变换关系,S'_2 和 S_2 没有变换关系。

说 "的"

§0 引 言

0.1 北京话里读[tə°][1]的"虚字"可以归纳为以下三组：
(1) 坐~椅子上；扔~水里；说~这儿。
(2) 看~见；写~很好；说~大家都笑了。
(3) 吃~；红~；他~；我知道~；红红儿~；忽然~。

第一组的[tə°]相当于书面上的"在"或"到"。我们不知道这个[tə°]是一个单独的语素，[2]还是"在"或"到"的变体。可是不管怎么样，这个[tə°]跟第(3)组的[tə°]界限是清楚的，不会混淆。有人把第(2)组"写[tə°]好""跑[tə°]快"一类格式里的[tə°]跟第(3)组"吃[tə°]""红[tə°]"后头的[tə°]看成同一个语素。即认为"写[tə°]好""跑[tə°]快"都是主谓结构，其中的"写[tə°]""跑[tə°]"是名词性结构。[3] 这个说法是有困难的，因为北京话里有以下两组对立的格式：

---

[1] 音标右上角的"°"号表示轻声。
[2] 我们把 morpheme 译为"语素"。流行的译名是"词素"。morpheme 有两种涵义：或指词内部的有意义的组成部分（词根、词头、词尾等等），或指最小的、有意义的语言单位。就前一种涵义说，译作"词素"是合适的，就后一种涵义说，译作"词素"会让人感到先有词，从词里头再分析出"词素"来。本文所谓"语素"，指后一种意义上的 morpheme。
[3] 《北京口语语法》，18 页。又龙果夫《现代汉语语法研究》，俄文本，108 页。

A	B
煮[tə°]烂,蒸[tə°]不烂。	煮[tə°]烂,才好吃。
好[tə°]多,坏[tə°]少。	这本比那本好[tə°]多。

这两组格式结构不同,意思也不同。如果说其中的[tə°]是同一个语素,就是"吃[tə°]""红[tə°]"后头的[tə°],那末,A式的"煮[tə°]烂"和B式的"煮[tə°]烂"都是主谓结构,其中的"煮[tə°]"都是体词性结构,这就无法解释这两类格式之间的对立了。①

我们说这三组[tə°]的界限可以分清楚,只是说这三组之间不会混淆,并不是说这三组恰好分别代表三类——而不是更多的——不同的[tə°]。换句话说,并不保证每一组内部不同格式中的[tə°]的同一性。事实上本文的目的正在于证明第(3)组的[tə°]包括三个不同的语素。不过因为(1)(2)(3)之间的界限是清楚的,所以我们在讨论第(3)组的时候,可以撇开(1)(2)两组不论。

第(3)组[tə°]分布极广,为了节省篇幅,我们不准备在这里把所有包含这一组[tə°]在内的格式都列举出来。这一组[tə°]书面上一般写作"的",因此我们可以暂时利用汉字"的"来标记第(3)组[tə°]的范围。在下文的讨论中,我们把第(3)组[tə°]一律写作"的",②这一组[tə°]所代表的三个不同的语素则分别写作"的$_1$""的$_2$"和"的$_3$"。

0.2 本文分析"的"字的基本方法是比较不带"的"的语

---

① 参看本书31页以次。
② 除了引文之外,"的"和"地"不加区别。

法单位①——假定为 x——跟加上"的"之后的格式"x 的"在语法功能上的差别,由此分离出"的"的性质来。举例来说,假定 x_1 和 x_2 是功能不同的语法单位(假定说 x_1 是动词性的,x_2 是形容词性的),但加上"的"之后,"x_1 的"和"x_2 的"的语法功能相同(假定说都是名词性的)。在这种情况下,我们说 x_1 和 x_2 后头的"的"是同一个语素(名词性单位的标志)。反过来说,如果 x_1 和 x_2 的语法功能相同(假定说都是副词性的),但加上"的"之后,"x_1 的"仍是副词性的,而"x_2 的"是形容词性的。在这种情况之下,我们说 x_1 和 x_2 后头的"的"是两个不同的语素(x_1 后头的"的"是副词性单位的标志,x_2 后头的"的"是形容词性单位的标志)。这种分析方法的实质是把两个带"的"的格式语法功能上的异或同归结为"的"的异或同。当然,这只是一种可能的解释,并不是唯一的解释。因为从逻辑上说,我们似乎也可以采取另一种方法,即把两个带"的"的格式——"x_1 的"和"x_2 的"——功能上的异或同解释为 x_1 和 x_2 本身的异或同,不解释为"的"字的异或同。换句话说,我们可以把不同的 x 后头的"的"都看成同一个语素。关于这两种分析方法的比较,以及我们所以采取前者不采取后者的理由,将在§5 里讨论。

0.3 在下文的讨论中,我们常常要提到一些词类的名称。这主要有两种情形。一种情形是为了说明"的$_1$""的$_2$"和"的$_3$"的分布,即说明"的$_1$"能在哪几类词后头出现,"的$_2$"能在哪几类词后头出现等等。此时词类对于我们只起标记的作用,采用的词类系统不同,并不影响我们对于这三个"的"

---

① "语法单位"指语素、词或词组。

字本身的语法性质所做的论断。[①] 另一种情形是在比较"x_1 的"和"x_2 的"的语法功能时,我们有时说"x_1 的"相当于某类词,"x_2 的"相当于某类词。这样说只是为了避免罗唆,事实上我们完全可以直接比较"x_1 的"和"x_2 的"功能上的异同,不必通过词类的媒介来描写它们的区别。"x_1 的""x_2 的""x_3 的"语法功能的异同是客观的语言事实,我们可以采用不同的词类系统来描写这种功能上的异同,但不论采用什么样的词类系统,都不能改变语言事实。

0.4 本文根据不同的 x 加上"的"之后形成的格式("x_1 的""x_2 的"等等)功能上的区别把"的"字分析为三个不同的语素。至于"x 的"是词,还是比词大的单位,本文不作肯定。换句话说,我们不肯定"的"是词尾,还是独立的虚词。在下文的讨论中,我们管"的"叫作"语素",管"x 的"叫作"语法单位"。由于三个"的"都是后附性的,所以有时又管它们叫"后附成分"。所谓"后附成分"只是说这三个"的"永远跟它们前边的成分组成语法单位,而跟后边的成分不发生直接的语法关系。因此本文所说的"后附成分"跟通常所谓"词尾"或"后加成分"含义不同,不能混淆。

§1 的₁

1.1 我们通过副词来确定"的₁"。这里说的副词指的

[①] 假定 x_1、x_2、x_3 分别代表三类词,又假定 x_1 后头的"的"是"的₁",x_2 后头的"的"是"的₂",x_3 后头的"的"是"的₃"。如果我们现在采用另一种词类系统,假定在这个系统里,x_1 和 x_2 是一类——x_0,x_3 自成一类。此时我们就说:x_3 后头的"的"是"的₃",一部分 x_0 后头的"的"是"的₁",另一部分 x_0 后头的"的"是"的₂"。两种说法不同,但实质上是一样的。

是严格的副词,即符合下列两项标准的词:

(1) 能够修饰动词或形容词;

(2) 不能修饰名词,不能作主语、宾语、谓语。①

"偶然、经常、确实、正式、突然、积极、现在、将来"等等都能修饰动词或形容词,符合第一项标准,可是这些词有的能修饰名词(偶然事件、正式文件),有的能作谓语(消息不确实、事情很突然),有的能作主语或宾语(现在是两点整、等到将来再说),都不符合第二项标准,因此不在我们所说的副词的范围之内。

严格的副词都不能修饰名词,但是其中有一部分可以修饰数量结构或"数·量·名"结构。例如:

刚好五个。

仅仅三天。

大约五块钱。

就两本书。

已经五个人了。

通常把数量结构和"数·量·名"结构看成名词性的结构,这就跟我们说的副词不能修饰名词有矛盾。其实这两类结构的功能跟名词不完全相同,最突出的一点是这两类结构都能作

---

① 这两项标准里所说的"修饰"都是指不带"的"字直接充任修饰语。我们说 A 能修饰 B,是说有 AB 这样的格式存在。由于"的"(包括"的$_1$""的$_2$"和"的$_3$")是"后附性"的,不是"介接性"的,因此在"A 的 B"一类格式里,只能说是"A 的"修饰 B,不能说是 A 修饰 B。"AB"和"A 的 B"是不同的格式,必须加以区别。汉语词类问题的讨论中,由于没有分清这两类格式,引起了许多逻辑上的混乱。(看本书 219 页)本文讨论的是"的"的性质,尤其应该区别这两类格式。"的$_1$"和"的$_2$"的后附性是很清楚的,关于"的$_3$"的后附性,看 4.12。

谓语。例如：

　　他二十岁。

　　每人两本。

　　右边一张书桌。

可见数量结构和"数·量·名"结构都有谓词的性质。既然这两种结构的功能跟名词有区别，那末，我们说副词不能修饰名词，同时又说副词能修饰数量结构和"数·量·名"结构，这两种说法并没有什么矛盾。①

　　1.2　单音节副词之后都不能带"的"，双音节副词有两

---

①　有人说副词能修饰名词，所举的例证有以下五类：
　　　(1) 太娇气
　　　(2) 偶然现象
　　　(3) 也许老王去
　　　(4) 恰好五个人
　　　(5) 就场长没走

(1)"娇气"可以变成"娇里娇气"，名词不能这样变；可以说"这个人娇气""娇气着呢""娇气得很"，名词不能占据这几种位置。不能说"娇气"是名词。(2)"偶然"确实可以修饰名词。但正因为如此，我们就不能承认它是副词(因为跟副词的定义不符合，看1.1)。我们不能先主观地假定"偶然"是副词，然后再举出"偶然现象"之类的格式来证明副词能修饰名词。(3)"也许"修饰的不是"老王"，而是"老王去"这个主谓结构。主谓结构是谓词性结构，不是名词性结构，可以受副词修饰。说"也许"修饰"老王"，是因为没有弄清楚结构的层次。(4)"恰好"修饰的不是名词，而是"数·量·名"结构。"数·量·名"结构跟名词语法性质不同，可以受副词修饰，说见上文。(5)我们没有理由肯定这类格式里的副词(就)和它后边的名词(场长)之间是修饰关系。解释为修饰关系显然有困难。因为我们既不能说这里的副词是状语(说"就"是状语，就等于说后面的"场长"是谓词性成分，而"场长"是不能作谓语的)，也不能说它是定语(说"就"是定语，就等于说"就场长"是主语，这显然也是讲不通的)。最合理的办法是把"就场长"看成动宾结构。这可以有两种解释方法：或者说"就"是副词兼动词，或者说"就"字后头有一个没有说出来的动词"是"。"光我一个人""地上净水"情形相同，其中的"光我""净水"也都是动宾结构。

72

类。一类不能带"的",例如:"已经、马上、素来、刚好、恰巧";一类可以带"的",例如:"非常、十分、忽然、简直、格外、不住、明明、渐渐、偏偏、暗暗"。第二类双音节副词什么时候带"的",什么时候不带,我们说不出条件来,看来好象是自由的。比较:

A	B
非常有趣。(骆10)①	这使他非常的痛快。(骆6)
门忽然开了。(骆86)	他忽然的不那么昏昏沉沉的了。(骆165)
在屋里简直无事可作。(骆156)	简直的没一点起色。(骆69)
外面的黑暗渐渐习惯了。(骆20)	象拉着块冰那样能渐渐的化尽。(骆21)
心中不禁暗暗怜悯。(席34)②	都暗暗的掉下了眼泪。(席12)
就赶紧往里走。(席4)	大家伙儿赶紧的往屋跑。(席12)

A组各句的副词之后都不带"的"字,相应的副词在B组里都带"的"字。这类副词加"的"不加"的"可能有某种细微的区别,③但这两类格式的基本语法功能并没有发生变化,则是可以肯定的事实。副词原来只能修饰谓词性成分,不能修饰名词,不能作主语、宾语、谓语,加上"的"之后,还是只能修饰谓词性成分,不能修饰名词,不能作主语、宾语、谓语。如果我们把双音节副词记作F,把双音节副词加"的"以后的格式记作"F的",则:

---

① "骆"指老舍:《骆驼祥子》,人民文学出版社,1955。下同。
② "席"指陈士和:《评书"聊斋志异"选集》第十一集《席方平》,天津人民出版社,1957。下同。
③ 当然是指语法功能的区别,不是指风格上的区别。

F 的 = F[①]

我们把 F 后头的"的"记作"的$_1$"。

"的$_1$"是副词性语法单位的后附成分。

§2 的$_2$

2.1 我们通过单音节形容词的重叠式来确定"的$_2$"。

如果我们把单音节形容词记作 A,把单音节形容词重叠以后的格式记作 R,则:

$$R \equiv A\bar{A}\text{儿}\,[②]$$

R 显然有以下几项性质:

(1) 不能单说;
(2) 不能作主语、宾语、谓语;
(3) 不能修饰名词性成分;
(4) 后头能够加上"的"。

以上四项是所有的 R 共同具备的性质。如果就 R 与"的"结合的情形看,R 又可以分为两类。一类只能在"的"字前头出现。换句话说,这一类 R 不出现则已,只要出现,后头一定带"的"。例如:

绿绿的	新新的	长长的	瘦瘦的
扁扁的	香香的	凉凉的	热热的
软软的	脆脆的	酸酸的	烫烫的

[①] x = y,表示 x 和 y 的语法功能相同,不是说 x 和 y 是同一个东西。本文所用等号都应该这样理解。

[②] A 上头的短横表示高平调。"儿"是附加成分,跟"$\bar{A}$"合成一个音节。下文所举 R 的例子,照汉字写,不标调,"儿"也略去不写。有少数单音节动词也能照形容词的方式重叠,如"偷偷儿",这类格式也算 R。

甜甜的　　傻傻的　　胖胖的　　嫩嫩的

我们把这一类 R 记作 R_a。另一类 R 可以在"的"字前头出现,但不是只在"的"字前头出现。这一类 R 不带"的"字单独出现的时候,占据的位置不外以下两种:

1. 修饰谓词性成分。例如:

他倒希望虎姑娘快快进屋去。(骆48)

街上慢慢有些年下的气象了。(骆73)

好好拿着,丢了可别赖我。(骆80)

为是好早早买上自己的车。(骆68)

他细细看了看。(骆155)

2. 修饰数量结构或"数·量·名"结构。例如:

满满一车人。

好好一本书。

小小一间屋子。

我们把这一类 R 记作 R_b。R_b 的数量不如 R_a 多,常见的有"好好、慢慢、快快、远远、早早、细细、满满、小小、大大、紧紧"等。

R_b 可以修饰谓词性成分或"数·量·名"结构,加上"的"以后,"R_b 的"也能修饰谓词性成分或"数·量·名"结构。我们可以说"慢慢走""好好一本书",也可以说"慢慢的走""好好的一本书";R_a 永远在"的"字前头出现,因此只能说"酽酽的沏了碗茶""胖胖的两只小手",不能说"酽酽沏了碗茶""胖胖两只小手"。

综上所述,R_b 具有以下一些性质:

(1) 不能单说;

(2) 不能作主语、宾语、谓语;

(3) 不能修饰名词性成分；

(4) 能够修饰谓词性成分或"数·量·名"结构。

R_b 的这些性质正是 F 所具有的性质(参看 1.1)，可见：

$$R_b = F$$

因此 R_b 应归入副词一类。①

R_a 永远不独立，只能在"的"字前头出现，可见不是独立的"词"。

2.2 R_b 是副词，但加上"的"之后，"R_b 的"跟 R_b 的功能大不相同。例如"好好"只能修饰谓词性成分，加上"的"之后，"好好的"除了修饰谓词性成分之外，还可以修饰名词性成分(好好的东西，别糟蹋了)，可以作谓语(什么都好好的)、补语(说得好好的，又变卦了)。二者的区别略如下表：

	单说	谓语	补语	定语	状语
R_b	-	-	-	-	+
R_b 的	+	+	+	+②	+

R_b = F，但加上"的"之后，R_b 的 ≠ F 的。可见 R_b 后头的"的"跟 F 后头的"的"(的$_1$)不是同一个语素。我们把 R_b 后

---

① 我们说"小小"是副词，可是在"小小一间屋子"里，"小小"在意念上是和名词"屋子"发生连系的，这正如"热热沏一壶茶"里的"热热的"虽是状语，但在意念上却是和名词"茶"发生连系的。我们把 R_b 和 F 归为一类，并不是说二者的语法功能毫无区别(参看下页注②)。退一步说，即使二者不同类，这也不会影响下文我们对于这两类成分之后的"的"字所作的论断。

② "慢慢的""快快的""早早的"不能作定语，是例外。

头的"的"记作"的$_2$"。①

2.3 R$_a$ 不是独立的词,但加上"的"之后,"R$_a$ 的"的功能跟"R$_b$ 的"相同,即可以单说,可以作谓语(脸红红的)、补语(抹得红红的)、定语(红红的脸)、状语(热热的喝下去)。② R$_a$ ≠ R$_b$,但:

  R$_a$ 的 = R$_b$ 的

可见 R$_a$ 后头的"的"跟 R$_b$ 后头的"的"是同一个语素,即"的$_2$"。

"R$_a$ 的"和"R$_b$ 的"和形容词的功能基本上相同,所以"的$_2$"可以说是形容词性语法单位的后附成分。

§3 的$_3$

单音节形容词(A)加上"的"之后形成的格式功能如下:

(1) 能够作主语(白的好)、宾语(不要白的)、定语(白的纸)、③谓语(这张纸白的);

(2) 不能作状语和补语。④

"A 的"在第(1)点上跟"F 的"有区别,在第(2)点上跟"R 的"有区别,即:

  A 的 ≠ F 的

  A 的 ≠ R 的

---

① R$_b$ 和 F 都是副词,但 F 后头只能加"的$_1$",R$_b$ 后头只能加"的$_2$"。根据这一点,我们可以反过来把 R$_b$ 和 F 看成副词内部两个不同的小类。

② 由于词汇意义的限制,不是所有的"R$_a$ 的"都能作状语。

③ 有些语法著作不承认"白的纸"里的"白的"跟"白的好""不要白的"里的"白的"是同一个东西。我们不同意这种说法。看 4.11 以次。

④ "洗得白的"应分析为"洗得白/的",不能分析为"洗得/白的"。换句话说,在"洗得白的"里,是动补结构加"的",不是"白的"作补语。

可见 A 后头的"的"不是"的$_1$",也不是"的$_2$"。我们把这个"的"记作"的$_3$"。

动词(D),名词(M)加上"的"之后,功能跟"A 的"相同,如下表:

	主语	宾语	定语	谓语	状语	补语
A 的	白的好	不要白的	白的纸	这张纸白的	—	—
D 的	懂的少,不懂的多	有懂的,有不懂的	懂的人多,不懂的人少	我懂的①	—	—
M 的	昨天的好	不要昨天的	昨天的报	这张报昨天的	—	—

可见:

$$D\ 的 = M\ 的 = A\ 的$$

D 和 M 之后的"的"也是"的$_3$"。

"A 的""D 的""M 的"的功能跟名词的功能基本上相当,所以"的$_3$"可以说是名词性语法单位的后附成分。

§4 "的$_1$""的$_2$"和"的$_3$"的分布

4.0 以上我们根据副词(F),单音节形容词(A)和单音节形容词重叠式(R)把"的"字分离为三个不同的语素。实际上,"的$_1$""的$_2$""的$_3$"出现的场合不限于这三类成分之后(例如"的$_3$"除了在 A 后头出现之外,还在 D 和 M 后头出现,这在上节里已经说到了),本节将扼要地介绍这三个"的"的

---

① 有些语法著作把这类格式里的"的"解释为语气词。我们不同意这个说法。看 4.21 以次。

分布情况。下文4.11以次讨论在定语位置上出现的"A 的""D 的""M 的"等格式中的"的"字,4.21以次讨论句尾的"的"字("他会来的"中的"的"),4.31以次讨论双音节形容词后头的"的"字,4.4讨论"程度副词+形容词"这个格式后头的"的"字,4.5讨论双音节形容词重叠式后头的"的"字,4.6讨论带后加成分的形容词("红通通""黑里呱卿"等等)后头的"的"字,4.7讨论并立结构("东张西望""你一言、我一语"等等)后头的"的"字,4.8讨论拟声词后头的"的"字,4.9列出"的$_1$""的$_2$""的$_3$"的分布总表。

4.11 如果我们把 A、D、M 统称为 S,则"A 的 M(白的纸)""D 的 M(懂的人)""M 的 M(昨天的报)"等格式可以概括地写成"S 的 M"。我们认为"S 的 M"应该分析为"S 的/M",而且认为其中的"S 的"是名词性结构。我们所以要特别提到这一点,是因为目前有一种相当流行的观点,即只承认主语、宾语等位置上的"S 的"是名词性结构,不承认定语位置上的"S 的"是名词性结构。换句话说,不承认主宾语位置上的"S 的"和定语位置上的"S 的"的同一性。我们认为这种说法是有困难的,理由如次。

4.12 上文说"S 的 M"应分析为"S 的/M",这就是说,我们认为其中的"的"是后附成分,不是介接成分。有许多语法著作则持相反的见解,认为"S 的 M"应分析为"S/的/M",即认为其中的"的"是介接成分,而非后附成分。

把"S 的 M"里的"的"解释为介接成分,原因是不愿意承认名词性成分可以作定语。我们知道名词可以直接修饰名词是汉语语法结构的特点之一,但在早期的一些语法著作里,碰到这类格式,总要把充任定语的名词解释成形容词。例如说"一块玻璃"里的"玻璃"是名词,而"玻璃窗"里的"玻璃"则已由名词转化为形容词了。用这种眼光来看带"的"字的格式,就只能承认"一张白的"里头的"白的"是名词性结构,不能承认"白的纸"里头的"白的"是名词性结构。不过要否认"一块玻璃"里的"玻璃"和"玻璃窗"里的"玻璃"的同一性是比较困难的,因此只好用"转化"的说法来解释(即承认两个"玻璃"是同一个词,不过"玻璃窗"里的"玻璃"已经由名词转化为形容词了),要否认"一张白的"里的"白的"和"白的纸"里头的"白的"的同一性则比较容易,因为只要说前者的"的"是后附成分,后者的"的"是介接成分,这两个格式就变得完全不相干了。这个说法看起来很巧妙,但实际上是讲不通的。最重要的证据是我们的语言系统里有:

S_1 的,S_2 的,……S_n 的 M

这样的格式存在。例如:

真的、善的、美的东西总是在和假的、恶的、丑的东西相比较而存在,相斗争而发展的。①

一律长袖小白褂,白的或黑的裤子。②

很明显,"真的、善的、美的东西"只能分析为:

{[真的],[善的],[美的]}{东西}。

不能分析为:

{真}的,{[善]的,[(美)的(东西)]}。

在"白的或黑的裤子"里,"或"是介接成分,如果把"或"字前

---

① 毛泽东:《关于正确处理人民内部矛盾的问题》。
② 老舍:《骆驼祥子》,3页。

头的"的"也看成介接成分,这个句子的结构就变成不可理解的了。

总之,"S_1 的, S_2 的,……S_n 的 M"一类格式的存在充分说明了"S 的 M"里头的"的"是后附成分,不是介接成分。

4.13　如果我们承认"S 的 M"里的"的"是后附成分,即承认"S 的 M"应分析为"S 的/M",那末我们就不得不承认这个格式里的"S 的"是名词性结构。因为这个说法不但能圆满地解释"S 的 M"这类格式本身,而且也能同样圆满地解释跟"S 的 M"发生直接或间接关系的其它种种格式。我们不妨从反面来论证这个问题,即先假定"S 的 M"里的"S 的"不是名词性结构(即否认定语位置上的"S 的"和其它位置上的"S 的"的同一性),看看将产生什么样的结果。

说"S 的 M"里的"S 的"不是名词性结构,就等于说我们的语言系统里有两个不同的"S 的":一个只在定语位置上出现,另一个只在定语以外的位置上出现。我们把这两个格式分别记为$(S 的)_a$和$(S 的)_b$。由于这两个格式里相对应的"S"的同一性是不容否认的("白的纸"里的"白"跟"一张白的"里的"白"显然是同一个词),所以$(S 的)_a$和$(S 的)_b$的区别实际上就是这两个格式里的"的"字的区别。因此我们可以把$(S 的)_a$和$(S 的)_b$分别改写为"S 的$_a$"和"S 的$_b$"。

在上文的讨论中,我们只指出 A、D、M 三类成分能在"的$_b$"之前出现。事实上,除了 A、D、M 之外,人称代词、数量结构、动宾结构、主谓结构等等加上"的"字也能组成名词性结构,可见这种种成分之后的"的"也是"的$_b$"。这些成分不仅能在"的$_b$"之前出现,而且也能加上"的$_a$"作定语。比较:

	的$_b$	的$_a$
人称代词	我 的	我 的 书
数量结构	两 斤 的	两 斤 的 鸡
动宾结构	看 戏 的	看 戏 的 人
动补结构	洗 好 的	洗 好 的 衣 服
主谓结构	我 给 他 的	我 给 他 的 书
连动结构	送票给我的	送票给我的人
递系结构	请你看戏的	请你看戏的人
联合结构	我和弟弟的	我和弟弟的糖

S 原来只包括 A、D、M 三类成分,现在我们可以扩大 S 的范围,把人称代词、数量结构等等成分也包括进去。

对于前边的 S 来说,"的$_a$"和"的$_b$"的分布范围是相同的:"的$_b$"能在 A、D、M、人称代词、数量结构等等之后出现,"的$_a$"也能在这些成分之后出现;"的$_b$"不能在 F、R 等成分之后出现,"的$_a$"也不能在这些成分之后出现。由此可见,"的$_a$"和"的$_b$"的功能相同,即:

$$的_a = 的_b$$

换句话说,"的$_a$"和"的$_b$"同属一个"语素类"。

我们知道,如果两个复杂的语法单位的相对应的组成部分功能相同,而且这些组成部分之间的结构关系相同,那末这两个语法单位的功能也必然基本上相同。举例来说,"看"="买"(都是动词),"书"="票"(都是名词),而且"看"和"书"之间的结构关系与"买"和"票"之间的结构关系相同(都是动宾关系),因此"看书"和"买票"的功能也必然相同。

在"S 的$_a$"和跟它相对应的"S 的$_b$"里,S 是同一个语言成分,"的$_a$"和"的$_b$"功能相同,"的$_a$"和"的$_b$"跟 S 的结构关系相同(都是附加关系)。按理说"S 的$_a$"和"S 的$_b$"的语法功能应该基本上相同,换句话说,我们应该可以建立下边的等式:

$$S 的_a = S 的_b$$

可是根据我们的假设,"S 的$_a$"和"S 的$_b$"是完全不同的结构,"S 的$_b$"只在定语的位置上出现,"S 的$_a$"只在定语以外的位置上出现,二者的语法功能是互相排斥的,即:

$$S 的_a \neq S 的_b$$

这就陷入了矛盾。可见我们原来的假设——把"S 的$_a$"和"S 的$_b$"看作两个不同的语言成分——是不能成立的。

证实了"S 的$_a$"和跟它相应的"S 的$_b$"之间的同一性,那末,"的$_a$"和"的$_b$"自然也是同一个语素,即"的$_3$"。

4.14 上文曾经指出,不承认"S 的$_a$"和"S 的$_b$"的同一性,是因为不愿意承认名词可以作定语。而不承认名词可以作定语则是建立在下面这样的观点上的:名词表示"事物",定语则表示事物的"性状",二者不可能是同类的东西。根据这种观点,"木头比水轻"里的"木头"说的是事物本身,是名词;"木头房子"里的"木头"说的是事物("房子")的性状(质料),是形容词。同样,"白的多,黑的少"里的"白的""黑的"

（S 的$_b$）说的是事物本身，是名词性结构；"白的纸多，黑的纸少"里的"白的""黑的"（S 的$_a$）说的是事物（"纸"）的性状（颜色），不能是名词性结构。

把"木头房子"里的"木头"解释为形容词跟把"快比慢好"里的"快""慢"解释为名词，出发点完全一样。通常把后者叫作动词形容词在主宾语位置上的"名物化"，那末我们也可以把前者叫作名词在定语位置上的"性状化"。我们在另外一篇文章里曾经指出，"名物化"的说法是不能成立的。[①]这个批评也完全适用于"性状化"，因为这两种说法在本质上是一回事。

目前还有不少语法著作主张主宾语位置上的动词形容词"名物化"的说法，可是不大有人再说定语位置上的名词"性状化"了，一般语法著作都倾向于承认定语位置上的名词仍是名词，并没有"转化"为形容词。既然如此，我们就没有理由否认"S 的$_a$"和"S 的$_b$"的同一性。关于这一点，我们还可以举量词结构作定语的格式来作比较：

这所比那所大　　　　这所房子大
白的比黑的多　　　　白的纸多

这两组句子的结构是完全平行的。如果说"白的比黑的多"里的"白的"指事物，而"白的纸多"里的"白的"指性状，所以二者不是同一个语言成分，那末这个理由应当也同样适用于"这所"。如果承认两个"这所"的同一性，那末我们也就没有什么理由怀疑两个"白的"的同一性。

---

① 见本书附录《关于动词形容词"名物化"的问题》。

"S 的$_a$"和"S 的$_b$"的分布范围是互补的:"S 的$_a$"只在定语位置上出现,不在其它位置上出现;"S 的$_b$"只在定语以外的位置上出现,不在定语位置上出现。这两个格式的分布范围加在一起正好跟名词的分布范围相当。比较:

	主 语	宾 语	定 语
S 的$_a$	−	−	+
S 的$_b$	+	+	−
名词	+	+	+

承认"S 的$_b$"是名词性结构,同时又否认"S 的$_b$"和"S 的$_a$"的同一性,这样一来,"S 的$_b$"就成了一个"缺门"的名词性结构(不能作定语);可是凑巧得很,我们的语言系统里又刚好有一个跟"S 的$_b$"同形的、专门作定语的"S 的$_a$",把"S 的$_a$"补进来,就得出一个"全份的"名词性结构。我们说"S 的$_a$"和"S 的$_b$"是同一个语言成分,这也是一个很有力的论证。

4.21 比较下列四组格式:

A	B
今天中秋	这所房子木头的
你傻瓜	这辆车老王的
这个人黄头发	这本书我的
我北京人	这件衣裳人家的

C	D
这杯水凉的	他会来的
这个苹果酸的	他不抽烟的

这个灯泡好的　　　　这件衣服洗干净的
　　这间屋子空的　　　　电影票我买的

A 组的谓语是名词或名词性偏正结构。其余三组都包含一个"S 的"的形式在里头。B 组的 S 是名词（包括人称代词），C 组的 S 是形容词，D 组的 S 是动词或动词性结构。B、C 两组只能解释为"S 的"作谓语，其中的"的"显然是"的$_3$"，D 组的"的"有人解释为语气词。我们认为这四组格式是平行的，B、C、D 三组里的"S 的"相当于 A 组里的名词性成分，前边都能加上"是"字，都是"S 的$_3$"。

　　4.22　D 组的情形非常复杂，其中包含许多形式相同而实质不同的格式。为了便于分析，我们把这一类格式记作"MD 的"，其中 M 表示名词性成分（名词或名词性结构），D 表示动词性成分（动词或动词性结构）。

　　从意义上看，"MD 的"可以分成以下三大类：

　　　Ⅰ我会写的。（回答问题"你会不会写？"）
　　　Ⅱ我写的。（回答问题"谁写的？"）
　　　Ⅲ我昨天写的。（回答问题"你什么时候写的？"）

Ⅰ表示的意义的中心点在动词上，Ⅱ的中心点在名词（主语）上，Ⅲ的中心点在动词前头的状语（昨天）上。跟这三类词关联的还有底下这个格式：

　　　Ⅳ我写的诗。（回答问题"你写的什么？"）

这个格式的意义中心点在"S 的"后边的名词（诗）上。Ⅳ的形式是"$M_1 D$ 的 M_2"，跟前三类不同，但由于Ⅰ、Ⅱ、Ⅲ、Ⅳ之间有密切的关系，我们把这四类格式放在一块儿讨论。

　　如果我们用 T 表示动词性成分（D）前头的状语，用"°"表

示意义中心点(意义中心点同时也是重音所在的地方),那末以上四类格式可以写成:

  Ⅰ$_a$ M$\dot{\text{D}}$ 的("我会写的",不是"不会写")

  Ⅱ$_a$ $\dot{\text{M}}$D 的("我写的",不是"他写的")

  Ⅲ$_a$ M$\dot{\text{T}}$D 的("我昨天写的",不是"今天写的")

  Ⅳ$_a$ M$_1$D 的$\dot{\text{M}}_2$("我写的诗",不是"写的散文")

以上的写法代表这四类格式最简单的模式。实际上Ⅰ、Ⅱ和Ⅳ里都可以有 T 出现,Ⅱ和Ⅲ里头也可以有 M$_2$ 出现。例如:

  Ⅰ 我以前(T)会写的。
    (回答问题:"你以前会写不会?")
  Ⅱ 我昨天(T)写的诗(M$_2$)。
    (回答问题:"谁昨天写的诗?")
  Ⅲ 我昨天(T)写的诗(M$_2$)。
    (回答问题:"你什么时候写的诗?")
  Ⅳ 我昨天(T)写的诗(M$_2$)。
    (回答问题:"你昨天写的什么?")

如果我们用圆括号表示可以出现、也可以不出现的成分,$\bar{\text{X}}$ 表示 X 一定不出现,则以上四类格式可以写成:

  Ⅰ$_b$ M$_1$(T)$\dot{\text{D}}$的$\bar{\text{M}}_2$①

  Ⅱ$_b$ $\dot{\text{M}}_1$(T)D 的(M$_2$)

  Ⅲ$_b$ M$_1\dot{\text{T}}$D 的(M$_2$)

  Ⅳ$_b$ M$_1$(T)D 的$\dot{\text{M}}_2$

---

  ① $\bar{\text{M}}_2$ 表示这个位置上不可能有 M$_2$ 出现。

比起Ⅰ$_a$、Ⅱ$_a$、Ⅲ$_a$、Ⅳ$_a$来,这是更为概括的写法。我们原来是从"MD 的"这个格式出发的,现在知道,"MD 的"只是"M_1TD 的 M_2"这个格式的一种特殊情况。在"M_1TD 的 M_2"里,如果 M_2 绝对不能出现,那就是Ⅰ式,如果 M_2 必须出现,那就是Ⅳ式,如果 T 必须出现,那就是Ⅲ式,如果 T 和 M_2 都是可出现可不出现,那就是Ⅱ式。

我们当初把Ⅰ、Ⅱ、Ⅲ、Ⅳ分开,根据的是意义,现在发现这四类的分别是有形式上(结构上)的根据的:Ⅰ式里不可能有 M_2,Ⅲ式必须有 T,Ⅳ式必须有 M_2 等等。但要从根本上区别这四类格式,那就必须来考察它们的变换式。

这四类格式里头都能插进一个"是"字进去。我们把插进"是"字以后的格式叫作Ⅰ、Ⅱ、Ⅲ、Ⅳ的变换式。比较下表:

类别	原　　　式	变　换　式
Ⅰ	M(T)$\hat{D}$ 的$\bar{M}$:我(从前)会写的	M(T)是$\hat{D}$ 的$\bar{M}$:我(从前)是会写的
Ⅱ	$\hat{M}$(T)D 的(M):我(昨天)写的诗	是$\hat{M}$(T)D 的(M):是我(昨天)写的(诗)
Ⅲ	M$\hat{T}$D 的(M):我昨天写的(诗)	M 是$\hat{T}$D 的(M):我是昨天写的(诗)
Ⅳ	M(T)D 的$\hat{M}$:我(昨天)写的诗	$\begin{cases}M(T)是 D 的\hat{M}:我(昨天)是写的诗\\M(T)D 的是\hat{M}:我(昨天)写的是诗\end{cases}$

我们说Ⅰ、Ⅱ、Ⅲ、Ⅳ是不同的格式,现在从它们的变换式得到了充分的证明,因为这四类格式的变换式完全不一样。"我昨天写的诗"可以有三种不同的意思,根据变换式可以看出它们分属Ⅱ、Ⅲ、Ⅳ三类。

4.23 以上所举的四个变换式里的"的"字显然不能解

释为语气词。Ⅳ式的"的"字后头永远跟着名词,Ⅱ和Ⅲ的"的"字后头不一定有名词,但是可以添上名词,因此都不能解释为语气词。只有Ⅰ式的"的"字之后不能加名词。但这四个格式显然是同一个格式($M_1 TD$ 的 M_2)的不同的变形,其中的"的"都跟前边的"是"字相配,应该看成同一个语素。最合理的办法是把它们解释为"的$_3$"。

Ⅰ、Ⅱ、Ⅲ、Ⅳ和它们各自的变换式之间的关系是全面对应的。因此我们不能不承认Ⅰ、Ⅱ、Ⅲ、Ⅳ里的"的"跟相应的变换式里的"的"的同一性。既然四个变换式里的"的"都是"的$_3$",那末Ⅰ、Ⅱ、Ⅲ、Ⅳ里的"的"字也应该解释为"的$_3$"。

4.24 "我(昨天)买的票"可以有好几种意思。比较:

(a) 这是什么?这是我买的票。
(b) 谁买的票?我买的票。(Ⅱ式)
(c) 你什么时候买的票?我昨天买的票。(Ⅲ式)
(d) 你买的什么?我买的票。(Ⅳ式)

(a)式的"我买的票"是一般的偏正结构,应分析为:

(a) (这是)我买的/票

(b)(c)(d)三式里的"我(昨天)买的票"根据相应的变换式来看,应分析为:

(b) 我买的/票
(c) 我//昨天买的/票
(d_1) 我//买的/票
(d_2) 我买的//票

(d)式有两个变换式,因此相应地有两种不同的分析法:(d_1)和(d_2)。在上面的写法里,双斜线表示主谓关系,单斜线表示修饰关系。除(b)式是偏正结构外,其余三式都是主谓结构。(c)和(d_1)的主语是"我",谓语是偏正结构。(d_2)的主语是"我买的",谓语是名词"票"。

"我(昨天)进的城"没有(a)(d)两种意义,只有(b)(c)两种意义:

(b) 谁进的城?我进的城。(Ⅱ式)

(c) 你什么时候进的城?我昨天进的城。(Ⅲ式)

"我进的城"只能是Ⅱ式或Ⅲ式,"我买的票"则分别属于四种不同的类型。"我进的城"跟"我买的票"的区别仅在这一点上。从结构上看,"我(昨天)进的城"的(b)(c)两式跟"我(昨天)买的票"的(b)(c)两式完全相同,其中的"的"也是"$的_3$"。[①]

4.31 我们在确定"$的_3$"的时候,只提到单音节形容词,没有提双音节形容词。现在我们来考察双音节形容词(以下记作"AB")后头的"的"的性质。

所有的双音节形容词加上"的"之后都可以修饰名词。例如:"干净的手绢、漂亮的衣服、严肃的样子、便宜的书、新鲜的菜、高深的道理、光明的前途、激昂的声调"。一部分双音节形容词加上"的"之后可以修饰动词。例如:

细心的算	坦白的承认
大胆的说	勉强的答应了
仔细的看	热心的帮忙
老实的说	切实的去做

在口语里,能够放在这类格式里的双音节形容词不很多,但在

[①] 以上关于Ⅰ—Ⅳ四种句式的分析里有些论点不妥当。看本书《"的"字结构和判断句》一文。

书面语里,双音节形容词加上"的"之后作状语是常见的格式。例如:

四铭吃了一惊,慌张的说。①
几个老百姓热烈的喊着。②
一片淡淡的夕阳透过窗子微弱地晒在桌子上的菊花瓣上。③
群众杂乱地喊着。④
车身猛烈的震动了一下。⑤

在这一点上,单音节形容词跟双音节形容词有显著的区别。"A 的"只能作定语,绝对不能作状语;"AB 的"能作定语,但是有一部分还可以作状语。

4.32 定语"AB 的"跟状语"AB 的"里头的"的"是同一个语素,还是两个不同的语素?假定说是同一个"的",这个"的"显然不是"的$_1$",如果把这个"的"看成"的$_1$",那只能解释作状语的格式,不能解释作定语的格式。同样,这个"的"也不可能是"的$_3$",如果说是"的$_3$",那只能解释作定语的格式,无法解释作状语的格式。当然,我们可以把这个"的"看成"的$_2$"。看成"的$_2$",既能解释作定语的格式,又能解释作状语的格式,好象很合理。但是仔细观察一下,就会发现这种解释仍旧有困难。因为所有的"AB 的"都不能作谓语和补语,能作状语的也只是其中的一部分,可见:

AB 的 ≠ R 的

---

① 《鲁迅全集》,第 2 卷,53 页。
② 袁静:《新儿女英雄传》,192 页。
③ 《曹禺剧本选》,461 页。
④ 茅盾:《子夜》,384 页。
⑤ 同上,192 页。

因此"AB"后头的"的"不能解释为"的$_2$"。

如果我们一定要维持原先的假定,即把定语"AB 的"跟状语"AB 的"里头的"的"看成同一个"的",那末我们只好把这个"的"解释为"的$_1$""的$_2$""的$_3$"以外的另一个"的",即"的$_4$"。这样做,不但多出了一个"的",而且还相应地多出了一个新的语法单位的"类"——"AB 的$_4$",①由此不必要地增加了我们的语法系统的复杂性。不过这一点还是次要的,根本的问题是"AB 的$_4$"这个类是建立不起来的。我们知道,所有的"AB 的"都能作定语,都不能作谓语和补语,如果不是因为其中有一部分能作状语的话,我们完全有理由把"AB"后头的"的"解释为"的$_3$"。可是能作状语这一点又不是"AB 的"的共性(只有一部分"AB 的"能作状语),因此这一项功能不能作为给"AB 的"划类的根据。换句话说,根据"AB 的"表现出来的共性看,我们只能把它归入名词性成分,不能把它看成一个新的类。可是我们早就说过,把"AB 的"划归名词性成分是有困难的,因为有一部分"AB 的"可以作状语。总之,"AB"后头的"的"既不能解释为"的$_1$""的$_2$""的$_3$"中的任何一个,又不能解释为"的$_4$"。这个事实说明,把定语"AB 的"和状语"AB 的"里的"的"解释为同一个语素的假设不能成立。

4.33 我们唯一的出路是放弃原先的假设,把这两种位

---

① 说"AB 的$_4$"是多出来的新类,因为现代汉语里没有一类语法单位的功能正好跟它相当(即只能作定语、状语,不能作谓语和补语),因此"AB 的$_4$"只能自成一类。这跟"的$_1$""的$_2$""的$_3$"的情形不同。我们把"的"分析为三个不同的语素,可是由这三个"的"组成的语法单位"x 的$_1$""x 的$_2$""x 的$_3$"都有类可归("x 的$_1$"是副词性的,"x 的$_2$"是形容词性的,"x 的$_3$"是名词性的),没有引出新的类来。

置上的"的"看成不同的语素。最合理的办法是把定语位置上的"AB 的"解释为"AB 的$_3$",把状语位置上的"AB 的"解释为"AB 的$_1$"。

根据这种解释,我们说双音节形容词有两类:一类后头可以加"的$_3$",也可以加"的$_1$",例如:

甲$_1$	乙$_1$
大胆的$_3$ 人	大胆的$_1$ 想
坦白的$_3$ 态度	坦白的$_1$ 说
勉强的$_3$ 样子	勉强的$_1$ 去做
细心的$_3$ 学生	细心的$_1$ 算

另一类后头只能加"的$_3$",不能加"的$_1$",例如:

甲$_2$	乙$_2$
便宜的$_3$ 东西	便宜的$_3$ 卖掉了
容易的$_3$ 事	容易的$_3$ 修好了
干净的$_3$ 衣服	干净的$_3$ 穿在身上

甲$_1$ 和甲$_2$ 里的"AB 的"是定语,其中的"的"是"的$_3$";乙$_1$ 里的"AB 的"是状语,其中的"的"是"的$_1$"。乙$_2$ 里的"AB 的"虽然也放在谓词性成分之前,但只能理解为主语,不可能理解为状语,因为其中的"的"是"的$_3$",不是"的$_1$"。要让乙$_2$ 里的"便宜""容易""干净"转化为状语,必须改变它们的形式;或者在前头加上"很、挺、非常"等副词(很便宜的卖掉了、挺容易的修好了),或者改为重叠式(干干净净的穿在身上)。"很 AB 的""挺 AB 的""AABB 的"等格式里的"的"都是"的$_2$",见下。

4.4 我们把"很、挺、怪、非常"等程度副词记作 f。"fA 的"的语法功能跟"A 的"很不相同。"A 的"是名词性结构,

只能作主语、宾语、定语,不能作谓语、补语、状语。"fA 的"既能作定语,又能作谓语、补语、状语。例如:

> 挺好的东西。
> 很好的完成任务。
> 这个人挺好的。
> 字写得挺好的。

即:

$$fA 的 = R 的$$

可见 fA 后头的"的"是"的$_2$"。

"AB 的$_3$"只能作定语,不能作状语,"AB 的$_1$"只能作状语,不能作定语,不论是"AB 的$_3$",还是"AB 的$_1$",都不能作谓语和补语。"fAB 的"既能作定语、状语,又能作谓语、补语。例如:

> 非常便宜的书。
> 非常便宜的卖掉了。
> 这本书挺便宜的。
> 卖得挺便宜的。

即:

$$fAB 的 = R 的$$

可见 fAB 后头的"的"也是"的$_2$"。

"最、更、顶、太"等副词(以下记作 f′)放在形容词之前形成的格式,可以作谓语或补语。可是后头加上"的"以后,"f′A 的"和"f′AB 的"只能作主语、宾语或定语,不能作谓语、补语、状语。即:

$$f′A 的 = f′AB 的 = A 的$$

可见 f′A 和 f′AB 后头的"的"是"的$_3$"。

4.5 双音节形容词重叠式有"AABB"和"A 里 AB"两种形式。"AABB"和"A 里 AB"功能相同:都能作谓语、补语、状语。加上"的"之后,"AABB 的"和"A 里 AB 的"除了能作谓语、补语和状语之外,还能作定语。例如:

身上干干净净的。

洗得干干净净的。

干干净净的洗一洗。

干干净净的衣服。

可见"AABB"和"A 里 AB"后头的"的"都是"的$_2$"。

4.6 一部分单音节形容词可以带后加成分。后加成分有双音节和三音节的两类。双音节后加成分通常是两个同音的音节,例如:

乎乎：黑乎乎　热乎乎

哄哄：臭哄哄　乱哄哄

丝丝：甜丝丝　凉丝丝

溜溜：光溜溜　酸溜溜　圆溜溜　灰溜溜

喷喷：香喷喷

通通：红通通

英英：蓝英英

油油：绿油油

魆魆：黑魆魆

巴巴：干巴巴

梆梆：硬梆梆

腾腾：慢腾腾　热腾腾

三音节的后加成分如:

里呱唧：黑里呱唧　脏里呱唧

咕隆咚：黑咕隆咚

不溜秋：灰不溜秋

不雌列：白不雌列

我们把形容词后加成分写作"－a",把带后加成分的形容词写作"A－a"。"A－a 的"可以作定语、状语、谓语、补语,例如：

绿油油的叶子。

热呼呼的喝下去。

屋里黑里呱唧的。

长得胖乎乎的。

可见"A－a"后头的"的"是"的$_2$"。

4.7　我们把"说呀笑的""连踢带打""东张张,西望望""你一言,我一语"一类格式叫作"并立结构"(B)。并立结构都是由两个同类的词或同类的构造组成的。大致可以分为以下几种类型：

（1）并立成分是单个的名词或动词。例如：

猫哇狗的　　茶呀水的

说呀笑的　　打呀闹的

（2）并立成分是主谓、动宾、动补、偏正、数量等各种类型的结构。例如：

眉开眼笑	你死我活	张家长李家短
挤眉弄眼	无缘无故	有鼻子有眼
赶尽杀绝	翻来复去	坐不住站不住
大惊小怪	神头鬼脸	肥鸡大鸭子
千言万语	三天两天	十块二十块

（3）并立成分是重叠式：

家家户户　　子子孙孙

说说笑笑　　来来往往
上上下下　　前前后后
红红绿绿　　大大小小
千千万万　　三三两两

（4）并立成分的前后两项同形：

说呀说的

一步一步

很慢很慢

一个字一个字

有的并立结构加上"的"字之后只能作状语,例如：

无缘无故的发脾气。

一个字一个字的往下念。

这个"的"是"$的_1$"。有的并立结构加上"的"之后能够作谓语、状语、定语。例如：

你别大惊小怪的。

大惊小怪的叫了起来。

大惊小怪的样子。

这个"的"是"$的_2$"。

4.8　拟声词(N)大致有以下几类：

（1）单音节的。例如："嗒、啪、嗵、哗、砰"。

（2）双音节的。例如："叮当、滴答、喀嚓、哗啦、咕嘟、轰隆"。

（3）三音节的拟声词大都是 ABB 的形式。例如："哗啦啦、扑通通"。

（4）四音节的拟声词有三类：(a) AABB 式："叮叮当当、滴滴答答、噼噼啪啪、唧唧咕咕"。(b) ABAB 式："叮当叮当、哗啦哗啦、咕嘟咕嘟"。(c) ABCD 式:"劈里啪啦、叮呤啪嘟、希里哗啦"。

单音节、双音节和三音节的拟声词只能作状语,不作作谓语、补语、定语,加上"的"之后仍然只能作状语,不能作谓语、补语、定语。例如:

"噌"(的)一下就坐起来了。

扑通(的)跳下水去。

豁嘟嘟(的)满台钱响。

这个"的"是"的$_1$"。

四个音节的拟声词加上"的"之后能作谓语、状语、定语。例如:

这两个人一天到晚唧唧喳喳的,不知说些什么。

咕嘟咕嘟的冒泡。

真象嘻嘻哈哈的小姑娘。

这个"的"是"的$_2$"。

4.9 以上我们把"的$_1$""的$_2$""的$_3$"的分布情况大致介绍了一下。所举的都是比较重要的格式,由于篇幅的限制,有些零碎的格式不能一一列举。现在我们把"的$_1$""的$_2$""的$_3$"的分布情况列成一个表格。(见次页)

§5 关于分析方法的讨论

5.1 根据我们的观察,北京话里带"的"字的格式可以归纳为以下三种类型:

(1) 副词性的,例如:"F 的";

(2) 形容词性的,例如:"R_a 的""R_b 的";

类别	符号	举例	加"的"以后的功能	"的"的类别
双音节副词	F	忽然	副词性	的$_1$
单音节、双音节和三音节拟声词	N_1, N_2, N_3	嗒, 哗啦, 哗啦啦	副词性	的$_1$
单音节形容词重叠式	R_a	红红	形容词性	的$_2$
	R_b	轻轻	形容词性	的$_2$
双音节形容词重叠式	AABB	干干净净	形容词性	的$_2$
带后加成分的形容词	A–a	红通通	形容词性	的$_2$
四音节拟声词	N_4	希里哗啦	形容词性	的$_2$
并立结构	B	无缘无故	副词性	的$_1$
		大惊小怪	形容词性	的$_2$
名词	M	木头	名词性	的$_3$
动词	D	吃	名词性	的$_3$
形容词	A	红	名词性	的$_3$
双音节形容词	AB	便宜	名词性	的$_3$
		细心	名词性/副词性	的$_3$/的$_1$
程度副词+形容词	fA, fAB	很好, 挺便宜	形容词性	的$_2$
	f'A, f'AB	最好, 最便宜	名词性	的$_3$

（3）名词性的,例如:"A 的""D 的""M 的"。如果我们的观察是符合语言事实的,那末我们进一步就要问:这三类格式里的"的"字是同一个语素,还是不同的语素? 这个问题如何回答,要看我们采取什么样的分析方法。

本文所采取的方法是把带"的"的格式功能上的异或同归结为后附成分"的"的异或同。例如"R_a 的"和"R_b 的"功能相同,由此我们确定 R_a 和 R_b 后头的"的"是同一个语素,"F 的"和"A 的"功能不同,由此我们确定 F 和 A 后头的"的"不是同一个语素。根据这个方法,我们分析出三个不同的"的"来:"的$_1$"是副词性单位的后附成分,"的$_2$"是形容词性单位的后附成分,"的$_3$"是名词性单位的后附成分。

我们把"的"分成三个不同的语素,可是这三个"的"的语音形式是一样的。因此要确定某一个"的"是"的$_1$","的$_2$",还是"的$_3$",不能看"的"字本身的形式,而要看这个"的"前头的成分的类别(是 F,是 R,还是 A、D、M 等等)。换句话说,由于"的$_1$""的$_2$""的$_3$"的分布不同,我们可以根据一个"的"字所处的环境来确定它是"的$_1$","的$_2$",还是"的$_3$"。例如 F 后头的"的"是"的$_1$",R_a 和 R_b 后头的"的"是"的$_2$"等等。

5.2 5.1 里所说的方法并不是唯一的,因为我们还可以采取另外一种方法,即把所有各类成分后头的"的"都看成同一个语素。根据这样的观点,能够带"的"的成分有以下三类:

(1) F, N_1, …
(2) R_a, R_b, AABB, …
(3) A, D, M, …

第(1)类成分加上"的"形成副词性单位,第(2)类成分加上"的"形成形容词性单位,第(3)类成分加上"的"形成名词性单位。

5.3 以上说的两种不同的分析方法实质上代表我们在确定语素(或词)的同一性问题时两种不同的原则。比较:

一把₁ 刀 ·· （A）
　　把₂ 着门 ··· （B）
如果我们单纯根据同音原则来归纳词（即把语音形式相同的个体词归纳为同一个概括词），①那末我们应该承认"把₁""把₂"是同一个"词"。如果我们根据同音同义的原则来归纳词（即把语音形式相同，意义相同的个体词归纳为同一个概括词），那末我们就说"把₁""把₂"是两个不同的词。很显然，这两种"词"的含义不同。前者可以叫作"音韵学上的词"，后者可以叫作"语法学上的词"。

有时为了某种特定的目的，我们可能需要建立"音韵学上的词"这样的概念，可是把"音韵学上的词"代替"语法学上的词"作为语法分析的基本单位则是不合适的。这至少有以下两方面的原因：

（1）如果我们把"把₁""把₂"看成同一个词，那末这个"词"的分布范围比较广（可以放在数词和名词之间组成名词性结构，可以放在"着"字前头，等等），可是我们找不到或很难找到一些别的词跟它的分布范围相同（"个""条""张"等等可以放在数词和名词之间，可是不能放在"着"字前头；"看""坐""说"可以放在"着"字前头，可是不能放在数词和名词之间组成名词性结构）。如果我们把"把₁""把₂"看成两个不同的词，那末这两个词中的每一个分布范围都相对地缩小了（"把₁"只能放在数词和名词之间，不能放在"着"字前头；"把₂"只能放在"着"字前头，不能放在数词和名词之间）。可是对于这两个词中的任何一个，我们都可以找到一些别的词跟

---

① 关于个体词和概括词，看本书213—214页。

它分布范围相同(例如跟"把$_1$"分布范围相同的有"个""条""张"等等;跟"把$_2$"分布范围相同的有"看""坐""说"等等)。

为了使我们的语法描写尽量地简单,我们应该选择那些分布范围比较窄可是跟它分布范围相同的词比较多的词作为基本单位,而不宜于选择那些本身分布范围很广可是跟它分布范围相同的词极少的词作为基本单位。①

(2) 作为语法单位,每一个具体的语素和词都有一定的形式和一定的意义。就这一点说,语素和词相当于数学里的"常数",不相当于数学里的"变数"。如果我们把"把$_1$""把$_2$"看成两个不同的词,那末这两个词中的任何一个都有固定的形式(都是[pa^3]),也都有固定的意义(比较确切的定义可以在词典上找到)。如果我们把"把$_1$""把$_2$"看成同一个词,那末这个词虽然有固定的形式,却没有固定的意义,它的意义随环境而变:放在数词和名词之间是一种意义,放在"着"字前又是完全不同的一种意义。

5.4 上面说的第一点显然不适用于"的"字。因为我们无论把"的"字分析为三个不同的语素,或是归并为一个,都找不到跟它们分布范围相同的别的语素。单从这一点看,两种分析方法没有什么区别,无论采用哪一种都可以。但从以上所说的第二点来看,这两种分析方法就有很大的不同。如果我们把"的"分析成"的$_1$""的$_2$""的$_3$",那末这三个"的"不但有固定的形式([tə°]),而且也都有固定的意义(语法意义):"的$_1$"是副词性单位的后附成分,"的$_2$"是形容词性单位的后附成分,"的$_3$"是名词性单位的后附成分。如果把三个"的"

---

① Z. S. Harris:《Methods in Structural Linguistics》,13.31.

归并为一个语素,那末这个"的"只有固定的形式,却没有固定的语法意义。它的语法意义随环境而异:放在 F 之后,是副词性语法单位的后附成分,放在 R 之后,是形容词性单位的后附成分,放在 A、D、M 之后,是名词性语法单位的后附成分。

5.5 从理论上说,"把$_1$""把$_2$"的分合问题跟"的$_1$""的$_2$""的$_3$"的分合问题性质是相同的。但是把"把$_1$"和"把$_2$"归并为一个词,一般人会感到不合适,因为"把$_1$"和"把$_2$"意义上的差别太显著了。把"的$_1$""的$_2$""的$_3$"归并为一个词,就比较容易为人接受;因为我们说不出"的$_1$""的$_2$""的$_3$"的意义是什么,三者的区别只表现在语法功能上,而这种功能上的差别不是一眼就可以看出来的。关于这一点,我们可以举一个英语的例子来作比较。我们知道,英语的名词复数语尾"s"跟动词第三人称单数现在时语尾"s"语音形式相同,[1]从理论上说,显然是两个不同的语素。可是我们常常听到这样的话:英语的"s"放在名词之后表示复数,放在动词之后表示第三人称单数。这种说法实际上是把两个不同的"s"解释为同一个语素,不过它的语法作用是变动的:放在名词之后是一种作用,放在动词之后是另一种作用。

总之,目前一般语言学者进行语法分析时所说的词(或语素),指的是"语法学上的词(或语素)",不是"音韵学上的词(或语素)"。根据这个原则,我们应该把"的$_1$""的$_2$""的$_3$"分开。但把"的$_1$""的$_2$""的$_3$"归并为一个语素,这种分析方法在一般人的心理上也是有一定的地位的。

(《中国语文》1961 年 12 月号)

---

[1] 都包括[s][z][iz]三个变体。

关于《说"的"》

《说"的"》发表以后,陆续看到一些批评讨论的文章。[①]其中有几篇对《说"的"》采用的方法以及分析"的"字所根据的语言事实提出了不同的意见。本文想对这些意见作一些解释。有些问题在那篇文章里没有完全讲清楚,现在也想趁这个机会再补充几句。

《说"的"》把通常解释为语气词的"的"也看成"的$_3$"。这个说法在某些类型的句子里确实会碰到困难。不过承认有语气词"的"存在,也同样会碰到困难,因为语气词"的"和"的$_3$"的界限实在不容易划清楚。这个问题相当复杂,应作为专题讨论。本文姑且把这个问题略去不谈。

一 "的$_3$"是不是后附成分?

《说"的"》认为"的$_3$"是后附成分,不是介接成分。意思是说,"S 的 M"的层次构造是"S 的/M",不是"S/的/M"。季永兴同志说:

[①] 我们看到的有以下几篇:
黄景欣:《读〈说"的"〉并论现代汉语语法研究的几个方法论问题》,《中国语文》1962年8—9月号。
吕叔湘:《关于"语言单位的同一性"等等》,《中国语文》1962年11月号。
陆俭明:《"的"的分合问题及其它》,《语言学论丛》第五辑。
言一兵:《区分"的"的同音语素问题》,《中国语文》1965年第4期。
季永兴:《谈〈说"的"〉》,《中国语文》1965年第5期。

朱先生在证明"S 的 M"中的"的"是后附成分,不是介接成分时说:"最重要的证据是我们的语言系统里有:S_1 的,S_2 的,… S_n 的 M 这样的格式存在。"但是朱先生忽略了在我们的语言系统里还有:S_1,S_2,…S_n 的 M 和 S_1,S_2,…S_n 的 M_1,M_2,…M_n 这样的格式存在。例如:

(A)是的,那都是些极真诚、极平常、极正当的话。

(B)勤劳、勇敢的工人和农民。

这样的例子,很显然,只能分析为:

(A_1){〔极真诚〕、〔极平常〕、〔极正当〕}的话

(B_1){〔勤劳〕、〔勇敢〕}的{〔工人〕和〔农民〕}

不能分析为:

(A_2){〔极真诚〕、〔极平常〕、〔极正当的〕}话

(B_2){〔勤劳〕、〔勇敢的〕}{〔工人〕和〔农民〕}

我们并没有忽略(A)(B)两类格式的存在。《说"的"》没有提到这两类格式,只是因为这跟我们讨论的问题不相干:这两类格式跟最简单的"S 的 M"一样,在证明"的"是后附的还是介接的一点上是无能为力的。季文认为(A_1)(B_1)可以证明其中的"的"是介接的,其实并不能证明。因为按照我们的看法,(A)和(B)应分析为:

(A_3){〔(极真诚)、(极平常)、(极正当)〕的}话

(B_3){〔(勤劳)、(勇敢)〕的}{〔工人〕和〔农民〕}

其中的"的"仍旧是后附的,不过不是附加在一个词的后头,而是附加在一个联合结构的后头罢了。

我们在《说"的"》里指出,"S_1 的,S_2 的…S_n 的 M"一类格式的存在最能证明"的"的后附性。这类格式有两种类型。一种类型的修饰语是并列的,例如"真的、善的、美的东西"

(C);另一种类型的修饰语是递加的,例如"法西斯发明的最残酷的杀人的方法"(D)。二者的构造如下:

(C$_1$) ｛〔真的〕、〔善的〕、〔美的〕｝东西

(D$_1$) 法西斯发明的｛最残酷〔杀人的(方法)〕｝

如果把"的"看成介接成分,那末(C)和(D)就得分析为:

(C$_2$) ｛真｝的、〔善｝的、〔(美)的(东西)〕｝

(D$_2$) ｛法西斯发明｝的｛〔最残酷〕的〔(杀人)的(方法)〕｝

(C)的修饰语本来是并列的,如果认为"的"字是介接成分,那就非得把这个修饰语解释为递加的不可。这样一来,(C)和(D)就变得没有区别了。这种说法不但不能解释语言事实,反而硬逼着语言事实来迁就自己,其不合理是很显然的。

如果(C)类格式的几个并列的修饰语之间有"和""或"之类连接成分,介接说就更加没有办法对付了。季永兴同志认为"白的或黑的裤子"(E)"一般都分析为":

(E$_1$) ｛〔白的〕或〔黑的〕｝裤子

"也可以分析为":

(E$_2$) ｛白｝的｝或｛黑｝的｝裤子

他说"后一种分析可以明显地看出'白的'后面省略了'裤子'"。(E$_1$)是把"的"字当作后附成分来分析的,这正是季永兴同志所反对的分析法。(E$_2$)也把两个"的"字放在括弧里头,那就也只能理解为后附成分。按照季永兴同志的说法,恐怕应该写成下面的样子才对:

(E$_3$) ｛〔白｝的〔　〕或｛黑｝的〔裤子〕｝

把"的"字看成介接成分,又说"的"字后头有省略,这两种说法之间是有矛盾的。在 xRy 里,R 之为介接成分是以前头有

x 后头有 y 为条件的。如果 xR 可以撇开 y 单独出现,那正证明 R 不是介接成分。

季永兴同志不但认为(E)里有省略,还认为所有主宾语位置上的"S 的"之后都有省略。我们认为省略的说法和"的"字是介接成分的说法是有矛盾的。因此只能主张其中的一个,不能同时主张两个,更不要说用其中的一个("的"字后头有省略)来证明另一个("的"是介接成分)了。

二 非定语位置上的"S 的"之后有没有省略?

季永兴同志说:"'A 的'作修饰语,当被修饰的名词不出现时,'A 的'就'代替'了中心词,并有了所谓名词性。这种现象,我们认为是'省略'不是'代替'。"言一兵同志说"作主宾的'S 的'不过是'S 的 M'的省略",并且断言"'的$_3$'后头总是可以加上一个名词的"。意思是说省略的部分总是可以补出来的。

"S 的"之后有省略的说法由来已久,许多语法书提到这一点的时候,举的例子大都是"来的是谁?""红的好看"之类的句子。就这些句子而论,用省略来解释似乎也还说得过去。可是在实际语言里,包含"S 的"的句子不象我们想象的那么单纯。在许多情况下,用省略来解释十分牵强,[①]甚至完全讲不通。例如:

(a) 贵校学员里,有个妇女叫杨小梅的〔　〕吧?(袁静《新儿女

---

① 吕叔湘先生说带"的"的格式"可以用在句子里的任何部分,但是最常见的是用作表语,这个时候就不一定能说是后面省去一个名词。"(《汉语语法论文集》,52 页)言一兵同志也说"如果'S 的'在句中作主语或谓语,有时也不便添上 M。"(《中国语文》1965 年第 4 期,260 页注③)

英雄传》)
(b) 我说的那个人是男的〔　〕。
(c) 至少他手中有条麻绳,不完全是空的〔　〕。(老舍《骆驼祥子》)
(d) 孩子们有的〔　〕唱有的〔　〕跳。
(e) 他年青力壮,所差的〔　〕是眼睛不大好。
(f) 他深信自己与车都是铁作的〔　〕。(老舍《骆驼祥子》)
(g) 他和骆驼都是逃出来的〔　〕。(又页)
(h) 操纵这台机器的〔　〕不是人而是一架电子计算机。
(i) 酱油和醋一样打五分钱的〔　〕。
(j) 他笑他的〔　〕,与你什么相干?
(k) "你们太刺激了。"我们讲的〔　〕是对付国内外反动派即帝国主义者及其走狗们,不是讲对付任何别的人。(《毛泽东选集》1478页)
(l) 不要打内战的〔　〕只是中国共产党和中国人民,可惜不包括蒋介石和国民党。一个不要打,一个要打。如果两方面都不要打,就打不起来。现在不要打的〔　〕只是一个方面,并且这一方面的力量又还不足以制止那一方面,所以内战危险就十分严重。(又1125—1126页)

言一兵同志断言"'的₃'之后总是可以加上一个名词的",可是上面空着的括弧里很难填进什么适当的名词。拿(g)来说,如果把这句里的"骆驼"去掉,改成"他是逃出来的",主张省略说的人会理直气壮地说后头省略了一个名词"人"。可是加上"骆驼"之后,省略的说法就无论如何也讲不通了。既然"他和骆驼都是逃出来的"之后没有省略,那末"他是逃出来的"之后有省略的说法也就失去了根据。因为这两句的语法构造是完全平行的,不能有两种不同的分析。

从常识或者逻辑的角度看,省略说似乎很有道理。不过决定省略说是否能成立的不是常识,也不是逻辑,而是语言事实。过去有的语法书上说"请坐"是"我请你坐"的省略。从常识的角度看,"请"和"坐"不可能是同一个人的行为,"请"的自然是"我","坐"的自然是"你"。这么讲似乎很有点道理。不过客观语言事实跟我们的主观想法大相径庭。我们从来不说"我请坐",反而可以说"您请坐"。这个事实证明省略的说法是毫无根据的。说非定语位置上的"S 的"之后有省略,从常识的角度来看,似乎也颇有道理,可是语言事实证明这个说法是站不住的。

在实际语言里,非定语位置上的"S 的"总是指称一定的事物的。可是离开了一定的语言环境和上下文,光说"红的""方的""木头的",就不知道指的是什么东西了。因此我们老觉得"S 的"不象一个完整的语言格式,于是有人提出了省略的说法。其实完整的语言格式所表示的意念不一定是自足的。"这个东西"并没省略什么,可是离开了一定的语言环境,我们就不知道它指的是什么"东西"。英语里"形容词 + one"的格式跟汉语"A 的"所表示的意思是一样的。red one(s)就是"红的"。离开了一定的语言环境和上下文,光说 a red one,也无从知道指的是什么东西。可是 a red one 的的确确是一个什么也没有省略的完整的语言格式。

三 "S 的"是不是名词性成分?

《说"的"》提出"S 的"是名词性成分,黄景欣、言一兵、季永兴三位都不同意这个说法。不过他们的意见也不一致。黄景欣同志承认"D的"和"M的"是名词性的,但认为"A的"是形容词性的。言一兵同志认为"A的""D的""M的"性质相同,都是所谓"静属形容词性"的。季永兴同志似乎认为D、A、M加"的"之后语法性质没有改变,仍旧是动词性、形容词性和名词性的东西。①

我们在《说"的"》里着重讨论了主宾语和定语两种位置上"S的"的同一性问题,至于"S的"之为名词性成分则没有从正面加以论列。现在我们来谈谈这个问题。因为黄景欣、言一兵、季永兴三位都认为"A的"是形容词性的,②我们就从这个格式说起。

我们认为"A的"跟名词的语法功能相同,跟形容词的语法功能不同,这主要表现在以下一些事实上:

第一,形容词作主语,谓语往往是形容词(干净好还是脏好?)或"是…的"(干净是好的)。名词作主语,不受这个限制。"A的"作主语,跟名词的情形相同,跟形容词的情形不同。

第二,形容词作宾语,前头的动词往往是"是"(这是客气),或是助动词(可以大也可以小),或是"觉得、感到、希望"一类动词(觉得热)。名词作宾语,不受这个限制。"A的"作宾语,跟名词情形相同,跟形容词情形不同。

第三,"A的"跟名词一样,可以作动词"有"和"没有"的宾语(有大的,没有小的),形容词不能作"有"的宾语(*有

---

① 原文说得不很明确,也可能我们理解错了。
② 言一兵同志认为"S的"都是所谓"静属形容词性的",实际上跟黄景欣、季永兴两位说法不一样。

大,*没有小)。①

第四,名词作谓语,可以插入轻读的"是",有"是"没有"是",意义没有区别(今天星期二,今天是星期二)。否定时用"不是"。形容词作谓语,除了对比的情形之外,不能插入轻读的"是",否定时用"不"。"A的"作谓语,跟名词情形相同,跟形容词不同。

第五,"A的"跟名词一样,可以受"很多""不少"修饰(很多大的,不少小的),形容词不受"很多"和"不少"修饰(*很多大,*不少小)。

第六,形容词受副词修饰,"A的"跟名词一样,不受副词修饰。黄景欣和季永兴两位同志认为"A的"("D的"也一样)可以受副词修饰,这是因为他们把语法结构的层次弄错了。"不好的"应分析为"不好/的",不能分析为"不/好的"。

第七,名词不能作状语,"A的"也不能作状语。固然形容词不全能作状语,可是能作状语的也不算太少(细看、干洗、深耕、熟读、傻笑),加上"的"之后就不能作状语了。

第八,名词不能作补语,"A的"也不能作补语。有些形容词本来能作补语的(染红、变旧、炒得嫩),加上"的"之后就不能再作补语了。②

总起来看,"A的"在意义上表示事物,在许多重要的语法功能上跟名词相同,其为名词性成分是无可怀疑的。"A的"如此,"D的"也是如此。事实上,"A的"、"D的"、"M

---

① 反义的形容词对举的时候可以说,如"房间有大有小"。但不能分开来说,"房间有大","房间有小",也不能说"房间没有大没有小"。

② "炒得嫩的"是动补结构加"的"字,不是"嫩的"作补语。

的"能占据的语法位置完全相同,语法功能是一样的。黄景欣和季永兴两位同志认为三者功能不同。黄景欣同志说"A的"是形容词性的,他的理由是:"白的纸"跟"白纸"、"白白的纸"功能相同,因此其中的修饰成分"白的"、"白"、"白白的"功能也相同。吕叔湘先生已经指出这个说法缺乏根据。① 如果黄景欣同志的推理方法能够成立,那反而证明他自己原来认为"A的"、"D的"、"M的"功能不同的说法是错误的。因为"A的M"、"D的M"、"M的M"功能相同,根据黄景欣同志的推理,其中的修饰成分"A的"、"D的"、"M的"功能应该相同才对。

季永兴同志也认为"A的"、"D的"、"M的"功能不同,可是他没有举出什么证据来证明这一点。他在讨论"D的"的时候说:

即使"D的"同D性质不同,"D的"也不等于M,因为现代汉语中有"M的"而没有"'D的'的"。

这个理由是说不过去的。"看"后头能加"了",大家都承认"看了"仍旧是动词。按照季永兴同志的推理法,则"看了"不可能是动词,因为现代汉语里只有"看了",没有"看了了"(第一个"了"念 liǎo 是另外一回事)。②

言一兵同志承认"A的"、"D的"、"M的"三者语法功能一致,但他认为"S的"不是名词性成分。理由是名词之前"通常只能用某个一定的量词",而"S的"前头的量词"可以

---

① 参看吕叔湘:《关于"语言单位的同一性"等等》3.2。

② 其实"D的的"的说法有时候也可以遇到。不说别的,语法书上就有这样的例句:"这就是那个卖花的底帽子"。(黎锦熙:《新著国语文法》,商务印书馆,1954年版,88页)

有很大幅度的变化,基本上是不固定的"。例如"红的"前头可以是"一根",也可以是"一块"、"一段"等等。

我们认为这个区别是有的,不过并不象言一兵同志想象的那么绝对。事实上某些外延极宽的名词如"东西"对于量词的选择并不是完全固定的,例如：

又软又粘的一团东西

又细又长的一条东西

薄薄的一片东西

另一方面有些内涵比较深的"S 的"前头的量词也不见得都有"很大幅度的变化",例如：

一架喷气式的,一架螺旋桨的

一个五岁的,一个七岁的

一本红封面的

一个姓王的

这些例子里的量词恐怕就不能随便更换。

退一步说,即使"S 的"和名词在选择量词一点上有严格的区别,那末单凭这一点也不足以否定"S 的"的名词性。"S 的"和名词对于量词的选择不同,这固然是二者功能上的区别,可是"S 的"跟名词一样都受数量词修饰,这又显示了二者的共性。如果我们由于这点区别就否认"S 的"与名词之间语法功能上的许多共同点,那末我们也可以因为"书"和"笔"对量词的选择不同而否认它们语法功能上的许多共同点。

我们说"S 的"是名词性成分,这只是说"S 的"和名词有许多重要的语法功能相同,并不是说它们的语法功能全部相同。譬如说名词能受形容词和本类词(名词)修饰,也可以受

"S的"修饰;"S的"既不受形容词和名词的修饰,也不受"S的"本身修饰。反对"S的"是名词性成分的同志不知为什么一直没有把这一点提出来作为他们的论据。其实这一点区别恐怕要比言一兵同志提出来的对量词选择不同一点更为重要。可是尽管有这一点,我们仍然不能否认"S的"是名词性成分,因为在汉语实词里名词和谓词的分野中,"S的"的语法功能显然是跟名词接近而跟谓词相对立的。

我们在给语法单位分类的时候,既要看到它们的共性,也要看到它们的个性。同类的成员必须有共性,同时其内部又有不同的个性;异类的成员必须有相互对立的个性,可是它们之间也可能有某些共性。认为同类的成员绝对相同,不能有一点区别,异类的成员绝对不同,不能有一点共同之处,这种想法是不符合事实的。

言一兵同志不承认"S的"是名词性成分,又说"S的"跟汉语的形容词也不相同,但是却"与印欧语言中的形容词相一致",因此他管"S的"叫作"静属形容词性的单位",并且说"所谓静属形容词性,指'S的'的性质相当于汉语中所无的静词类的形容词"。

"静属形容词"这个类能不能在汉语里建立起来,不看它跟哪种外国语里的哪个词类相似到什么程度,而要看它在汉语里是否有足够多的语法特点跟其他词类相区别。言一兵同志列举"S的"的语法性质不外以下几项:1. 前头不能加"不",后头不能加"了";2. 不能作补语和谓语;3. 能作表语;4. 能作主宾语;5. 能作定语(这一项言文未正面提到); 6. 前头的量词不固定。除了末一项以外,前几项正是名词所有的性质。在这种情况之下,说"S 的"是跟名词不同的另外一个类,恐怕是很难令人信服的。至于言一兵同志说"S 的"跟印欧语里的形容词"正好一致",我们不知道根据何在,更不知道这个结论是用什么样的比较方法得出来的,因此对于这一点我们无法表示意见,只好存而不论。

总之,从"S 的"表现出来的语法功能来看,我们不能不承认它是名词性成分。要否认这一点,恐怕只有一个办法,就是采用省略的说法,认为主宾语位置上的"S 的"之后有一个省略了的名词,然后把"S 的"表现出来的名词性全部都推到这个省略了的名词身上去。

严格地采取这种说法,那末在考虑语法结构的时候,就得把被省略了的名词包括在结构内部作为一个组成成分(句子成分)来看待。在这种情况之下,我们就不能说主宾语位置上的"S 的"是主语或宾语,只能说它是修饰语。换言之,这种位置上的"S 的"不是一个单纯的"的"字结构,而是一个省略了中心语的偏正结构"S 的(M)"。中心语 M 理论上存在,事实上没有出现。因此主宾语位置上的"S 的"所表现出来的种种语法性质都不能看成是"S 的"本身的性质,只能看成是偏正结构"S 的(M)"的性质。由此必然得出以下一些结论:

第一,"S 的"只能作定语(中心语有时出现有时不出现)。

第二,"S 的(M)"和"S 的 M"一样,都是以名词为中心语的偏正结构,因此都是名词性成分。

第三,"S 的"内部和"S 的(M)"内部语法性质都是一致的,即:

A 的 = D 的 = M 的(都是只作定语)

A 的(M) = D 的(M) = M 的(M)(都是名词性成分)

言一兵、季永兴两位同志都企图用省略说来否定"S 的"的名词性,可是他们似乎没有把省略了的名词看成结构的一部分(否则他们对于"S 的"所做的论断必然与上举三项相同),因此他们的省略说是不彻底的。

四 关于"的$_2$"

《说"的"》的根本出发点是认为带"的"的格式语法功能不一致,至少可以区分为名词性的(S 的)、形容词性的("R 的"、"AABB 的"等)和副词性的(F 的)三类。我们把"的"字分成三个,只不过是对于这个语言事实所作的相应的解释而已。

"F 的"只能作状语,其为副词性成分,决无可疑;"S 的"是名词性成分,上文已讨论过了;带"的$_2$"的格式,语法功能跟"F 的"和"S 的"都不相同,是另外一类。为了便于讨论,我们把"R 的"作为带"的$_2$"的格式的代表。从下面的表里可以看出"R 的"跟其他相关的格式语法功能的异同:

	主宾语	谓语	定语	状语	补语	受副词修饰	单说
R_a (红红)	-	-	-	-	-	-	-
R_b (好好)	-	-	-	+	-	-	-
R 的(红红的,好好的)	+	+	+	+	+	+	+
S 的(红的,好的)	+	+	+	-	-	-	+
F 的(渐渐的)	-	-	-	+	-	-	-

黄景欣同志不同意我们对于"R 的"所作的分析,他提出了以下几点责难:

第一,我们说:"R_b 的"可以在谓语、定语、补语等等位置上出现。黄景欣同志说:"这种说法恐怕不符合事实。作者只用'好好的'一个例子来证明,其余的'R_b 的'是否也都如此呢?值得怀疑。例如'慢慢的''快快的''早早的''白白的''狠狠的'这些'R_b 的'就不尽都能作谓语、定语和补语。"

事实上黄景欣同志举的这些例子都能作谓语和补语,只有"慢慢的""快快的""早早的"不能作定语。我们认为这一点只能作为在"R 的"内部分小类的根据。("好好的""远远的"可以作定语,是一类;"慢慢的""快快的"不能作定语,是另一类)。这个区别既不能否定"R 的"跟"S 的""F 的"之间的对立,也不能否定"R 的"的形容词性。

第二,我们说:R_a 的 = R_b 的。黄景欣同志说:"这恐怕也不符合事实。实际上,'R_a 的'能象'R_b 的'一样作状语,是很少数的。…'绿绿的、新新的、瘦瘦的、扁扁的、软软的、脆脆的、胖胖的、嫩嫩的'等等恐怕都不尽能作状语。"

"绿绿的、新新的"之类确实不大作状语,但也不是绝对不能作状语,"脆脆的炸点花生豆吃"、"嫩嫩的燉一碗鸡蛋"、"软软的笑了笑"(茅盾)都是合法的说法。退一步说,即使"R_a 的"里有一部分不能作状语,也并不足以否定"R 的"的形容词性。

第三,我们认为:R_b 的 $\neq R_b$。黄景欣同志说:"在论证'的$_1$'时,朱先生曾经说到,带'的'和不带'的'的双音节副词是完全一致的,'非常'就等于'非常的'…而在这里,为什么又要把'慢慢'和'慢慢的'看成是两个东西,不承认它们的同一性呢?"

"非常"和"非常的"都只能作状语,功能相同。"慢慢"只能作状语,"慢慢的"可以作谓语、状语、补语,可以单说:功能显然不同。黄景欣同志认为是一个东西,与客观语言事实不符。

黄景欣同志说:"我们觉得比较妥善的办法就是承认有两种 R_b,一种是形容词,一种是副词。…凡是实际上既可以单说,又可以作谓语、补语、定语、状语,即具有一切形容词功能特征的,我们就确定它为形容词性的;相反地,凡是实际上只有副词的功能特征的,则仍然应看成是副词。"

这一段话的意思我们没有看懂。R_b 既能单说,又能作谓语、补语、定语的,我们连一个例子也找不出来。黄景欣同志下文举出"好好、大大、小小"作为"形容词性的 R_b"的例子,可是这三个例子都是既不能单说,又不能作谓语、补语、定语的。

五 是不是管前不管后?

黄景欣同志说:

> 要确定一个要素的分布,就不能不全面地注意到它前后一切实际存在的和可能出现的情况。但是,正如我们所看到的,朱先生在根据这一原则来确定"的"字的语法性质时,实际上只考虑到"的"这一要素的前面的情况,而没有考虑到它后面的情况,也没有考虑到可能出现的情况。

《说"的"》只提"的"字前头可以有哪些东西出现,不提"的"字后头可以有哪些东西出现。表面上看起来好象是"顾前不顾后",实际上不是这样。我们认为"的"是后附成分,因此当它在 x 和 y 之间出现的时候,它只跟前头的 x 发生直接的结构上的关系,跟后头的 y 不发生直接的结构上的关系。跟 y 发生关系的不是"的",而是"x 的"。了解了这一点,就知道《说"的"》实际上把"的"字前后的情况都考虑到了,不过是在不同的层次上考虑的。在讨论"的"字本身的分布时,只考虑 x,不考虑 y;在讨论到"x 的"的功能时,才考虑到 y。例如在讨论"的$_1$"的分布时,只说它前头的成分可以是双音节副词,拟声词等等,不说它后头可以出现哪些东西。在进一步讨论"x 的$_1$"的功能时,我们说它只能在状语位置上出现。说它只能在状语位置上出现,就蕴含着它后头的 y 只能是谓词性成分,不能是名词性成分,也不能是句尾停顿等等。事实上我们不但考虑到"的$_1$"后头能有哪些东西出现,而且还考虑到这些东西跟"x 的"发生什么样的结构关系。

把"x 的 y"里的 y 仅仅看成是"的"字后头的成分,这种看法单纯从位置着眼,没有接触到语法构造的实质。其实对 y 来说,最重要的不是它的位置,而是它在"x 的 y"里作为与"x 的"相对立的一个直接成分。把 y 当作与"x 的"相对立的成分来看待,那末它可以在"的"字后头出现,也可以在"的"字前头出现。例如"的$_3$"不仅可以形成"x 的$_3$/y"(新的东西,新的好,新的那件),也可以形成"y/x 的$_3$"(买新的,那件新的)。

《说"的"》分析"的"字的方法是"把带'的'格式功能上的异或同归结为后附成分'的'的异或同"。这实际上就是根据"x 的"的语法功能来确定"的"的性质。而"x 的"的语法功能正是通过跟它相结合的 y 表现出来的。因此,我们可以说《说"的"》实际上是根据 y 来确定"的"的性质的。从这一点看,《说"的"》对于 y 考虑得比 x 还要多。黄景欣同志说我们只顾"的"字前头的情况,不顾"的"字后头的情况,这个批评与实际情形不符合。

六　应该不应该根据"S 的"的功能来区分"的"?

《说"的"》的根本方法是把带"的"的格式的功能上的异或同归结为"的"的异或同。言一兵同志说:"试问,究竟有什么理由来作这种归结呢?'的'的功能就在于此吗?"我们的回答是:我们没有理由不作这种归结。除非我们对于"的"字根本不加区分,都看成同一个语素;如果要区分的话,那末《说"的"》采用的方法恐怕是目前能够找到的唯一合理的方法。

《说"的"》发表以后,有人说这篇文章用的是描写语言学派的方法。其实我们的方法远没有这么"摩登"。这根本不是什么新方法,而是传统语言学对付印欧语系各种语言时沿用的老办法。为了说明这一点,我们姑且举一个英语的例子。

英语里有一个后附成分 - ly,可以加在名词、形容词以及动词的分词形式后头。加上 - ly 之后,有的是形容词,有的是副词,例如:

x		x - ly	
part	名	partly	副
coward	名	cowardly	形
rough	形	roughly	副
low	形	lowly	形
determined	动	determinedly	副

如果我们要把 - ly 加以区分的话,那只有两种办法:或是根据 x 的功能来分,或是根据 x - ly 的功能来分。采用前一种办

法,可以分出三个不同的 -ly 来:一个只在名词后头出现,一个只在形容词后头出现,一个只在动词的分词形式之后出现。采用后一种办法,我们分出两个不同的 -ly 来:一个造成形容词,一个造成副词。前一个可以在名词、形容词之后出现,后一个可以在名词、形容词和动词的分词形式之后出现。传统语言学不采用前一种办法,而采用后一种办法,因为前一种办法完全没有把 -ly 的语法作用反映出来,是一种纯形式的分类。而且这种分类法还碰到下面的困难:同是形容词,加上 -ly 之后,有的是副词(roughly),有的是形容词(lowly),甚至同一个词加上 -ly 之后也会造成两个词,一个副词,一个形容词(例如 kindly)。

后一种办法的实质就是把带 -ly 的格式功能上的异或同归结为 -ly 的异或同。这正是我们区分"的"字所采用的办法。我们不敢说这个方法就是十全十美的。语言学日趋进步,将来可能会有更完善的分析方法出现。不过就目前而论,我们实在还没有找到别的什么更合理的方法。① 言一兵同志批评我们把"S 的"功能上的异同归结为"的"的异同的分析方法,他说:"有什么理由来作这种归结呢?"看起来他是不同意这种"归结"的,可是他不但没有提出什么替代的办法,而且他自己在分析"的"字的时候,也仍然不断地在"作这种归结"。言一兵同志一共区分出九个不同的"的"来。他说"双音节副词加'的'后功能不变",因此他的九个"的"里头就有一个"构成副词变体的后缀";他认为"AA 的"和 A 功能基本相同,只是感情色彩不同,所以他把"AA 的"里的"的"叫作"构成单

---

① 参看陆俭明:《"的"的分合问题及其它》。

音节形容词表情形式的构形后缀";他认为双音节形容词加"的"后"功能变了,既有静属形容词功能,又有副词功能",因此他把后头的"的"也相应地分成两个,一个是"静属形容词的构形后缀",另一个是"把形容词变成副词的构词后缀",如此等等。言一兵同志认为有九个不同的"的"的说法是否站得住,我们不在这里评论,我们只指出一点,就是他区分这九个"的"所用的方法仍然是把"S 的"功能上的异同归结为"的"的异同。

七　历史上的"的"

黄景欣同志批评《说"的"》"很少考虑到历史的因素"。我们认为讨论现代语的文章可以提到历史,也可以不提。不提历史不一定表示写文章的人不考虑历史。《说"的"》的确没有一个字讲到历史,不过这篇文章对于"的"字所作的论断,在我们看来,似乎跟历史事实是连系得起来的。

现代的"的"显然是唐宋时期"底"和"地"的后身。有人认为一直可以追溯到"之"和"者",这个说法论据不够充分,不能作为定论。吕叔湘先生曾经考察过唐宋时期"底"和"地"的用例,他的结论可以归纳为以下两点:

1. "跟'底'的词和跟'地'的词显然属于两类。跟'地'的大率是重言(xx 或 xyy),或双声,叠韵;跟'底'的字大率不具备这种形式。"

2. "x 底"只在主语、宾语、表语和定语几种位置上出现;"x 地"只在定语、状语和谓语几种位置上出现。[①]

[①] 吕叔湘:《论"底"、"地"之辨及"底"字的由来》,见《汉语语法论文集》,51 页。

这里有两件事要说明一下:第一,"地"字前头最常见的是 xx 或 xyy 等重叠形式。此外是拟声词,例如"吒呀地哮吼一声"(《传灯录》),"扑湩地都跳下水去了"(《碾玉观音》),"挖插地一声响"(《刘知远诸宫调》),"挖折地一声响"(《警世通言·万秀娘仇报山亭儿》);双音节副词("平白""不住""陌然")。单音节加"地"的形式大都是副词,如"忽地""剗地""私地""陌地""怎地"。

"底"字前头出现的一般是名词、人称代词、动词、形容词以及名词性和动词性的词组。

第二,上文说"x 地"可以在谓语位置上出现,指的是下面这种情形:

万种思量、多方开解,只恁寂寞厌厌地。(吕文引《乐章集》28)
造化可能偏有意,故教明月玲珑地。(吕文引《漱玉词》7)
三万六千排日醉,鬓毛只恁青青地。(吕文引《稼轩词》94)

吕叔湘先生在他的文章里则把这类"x 地"看成省略了中心语(端语)的修饰成分。

根据上面说的情况来看,唐宋时期带"底""地"的格式实际上有以下三类:

1. "x 底"只能作主语、宾语、表语、定语,从来不作状语和谓语;意义上表示事物,是名词性成分。

2. 大部分"x 地"能作谓语、状语和定语;意义上表示性质或状态,是形容词性成分。

3. 一小部分"x 地"如"平白地""不住地""剗地""陌地"之类只能作状语,不能在其他位置上出现,是副词性成分。

根据这三类格式功能上的区别,我们把"地"和"底"区分为三个不同的语素:"地$_1$"、"地$_2$"和"底"。"地$_1$"是副词的后附成分,"地$_2$"是形容词的后附成分,"底"是名词性单位的后附成分。跟现代带"的"的格式相比较,"x 地$_1$"和"x 的$_1$","x 地$_2$"和"x 的$_2$","x 底"和"x 的$_3$"语法功能是密切吻合的。①因此我们认为现代的"的$_1$"、"的$_2$"、"的$_3$"是分别从唐宋时期的"地$_1$"、"地$_2$"、"底"演变来的。

现代三个"的"的语音形式完全一样,我们只能根据带"的"的格式功能上的区别把它们分开。唐宋时期当"底"和"地"两种写法分得很清楚的时候,它们一定代表两个不同的语音形式。"底"的读音跟"地$_1$""地$_2$"不同,语法功能也和"地$_1$""地$_2$"不同,一定是与"地$_1$""地$_2$"无关的另外一个语素。我们说"好的"的"的"跟"好好的"的"的"是两个不同的语素,有的同志不相信。唐宋时期"好的"写作"好底","好好的"写作"好好地",语音形式不同,语法功能也不同,显然是两个东西。历史事实支持我们的分析。

(《中国语文》1966 年第 1 期)

---

① 我们没有看到"x 地$_2$"作补语的例子,这可能是跟"x 的$_2$"不同的一点。

"的"字结构和判断句

本文打算讨论的是由动词性成分组成的"的"字结构以及由此类"的"字结构组成的以下五种类型的判断句：

S_1：M + 是 + DJ 的（小王是昨天来的）
S_2：DJ 的 + 是 + M（昨天来的是小王）
S_3：是 + M + DJ 的（是我请小王来的）
S_4：是 + DJ 的 + M（是我开的门）
S_5：(DJ 的)$_1$ + 是 + (DJ 的)$_2$（他拿的是人家挑剩下的）

在上面的写法里，M 表示名词性成分，[①]DJ 表示动词性成分（包括单独的动词、各种类型的动词性结构以及由动词作谓语的主谓结构）。S_3 里的 M 一般认为是后边 DJ 的主语。按照这种分析，S_3 应写作："是 + DJ 的"（上文已指出，DJ 可以是主谓结构）。我们把 M 提出来写成："是 + M + DJ 的"，除了便于和 S_1 和 S_2 对照之外，还有更重要的理由，详见§4。

§1 单向、双向和三向动词

1.1 只能跟一个名词性成分发生联系的动词叫单向动

---

① 我们把动词性成分记作 DJ，按理说，名词性成分应该相应地写作 MJ。因为本文讨论的内容不涉及 MJ 的内部构造，为了简化符号，我们把 MJ 缩写为 M。

词。例如"咳嗽"前头可以有主语,后头不能有宾语;①"站着"前头可以有主语(他站着),后头也可以有宾语(站着一个人),可是主语和宾语不能同时出现。下边句子里的动词都是单向动词:

  我游泳　　　　打雷了
  他休息　　　　出太阳了
  他醉了　　　　冰化了
  孩子病了　　　飞来了一只蝴蝶
  他长大了　　　水开了

对单向动词来说,不存在主语和宾语的对立(前头有主语时,后头没有宾语;后头有宾语时,前头没有主语),因此我们暂时把跟单向动词相联系的名词性成分一律称为主语,不管它在动词前头还是在动词后头出现。

1.2　能够跟两个名词性成分发生联系的动词叫双向动词。下边句子里的动词前头有主语,后头有宾语,都是双向动词:

  我写字　　　　这把刀切肉
  他坐火车　　　他拿来一封信
  我姓王　　　　台湾属于中国
  我相信这一点　他有两个孩子

1.3　"他叹气"和"他写字"都是"主—动—宾"的格式,"叹"和"写"好象都是双向动词。可是"叹"和"气"结合得很

---

① 本文提到主宾语的时候,一般都指狭义的主语和宾语,即不包括由时间词、处所词以及动量词充任的主宾语。但时间词和处所词作为一般名词用的时候,仍承认它们是主宾语。例如"给我三天"里的"三天","这间屋子住人"里的"这间屋子","我爱北京"的"北京"等等。

紧,只能有限度地扩展(叹了一口气)。因此我们把"叹气"作为一个整体看待,说它是一个单向的动词性成分,而不说"叹"是一个双向动词。

"起草""关心""负责"也只能有限度地扩展,情形跟"叹气"一样,可是后头可以带宾语(起草文件/关心群众/负责这方面的工作),因此应看作双向的动词性成分。

1.4 双向动词后头不一定老带着宾语。"我写信"在一定的语言环境里可以只说"我写",宾语出现不出现不影响句子的基本意思。"他来了",动词后头不带宾语,"他来客人了",动词后头带宾语,两句话意思完全不同。我们说,在前一句里,"来"是单向的;在后一句里,"来"是双向的。下边是同类的例子:

他笑了　　　他笑我
他死了　　　他死了父亲
北京队打败了　　北京队打败了山东队
地球老在转　　你转一下轱辘

1.5 能够跟三个名词性成分发生联系的动词叫三向动词。例如在"我给他一枝烟"里,动词"给"前头有一个主语,后头有两个宾语(直接宾语"一枝烟",间接宾语"他")。下边句子里的动词都是三向动词:

我送他一本书
我告诉你一个好消息
他借我一辆车
他教我数学
他送给我一本字典①

---

① 这里把"送给"作为一个整体看待。

1.6 "我切肉"里的动词"切"是双向动词,可是在"这把刀我切肉"里,"切"分别跟"这把刀""我""肉"三个名词性成分发生联系,应该看成是三向动词。下边是同类的例子:
　　这个杯子我喝酒
　　这间屋子咱们堆东西
　　这扇门我已经上过漆了
　　这种事我不发生兴趣
　　这件事我有意见
"这把刀我切肉"跟"我给你一本书"里的动词都是三向的,这两种句子的区别是:"我给他一本书"里的"给"有一个主语,两个宾语;"这把刀我切肉"里的"切"有一个宾语,两个主语。通常把"我给你一本书"里的"一本书"叫直接宾语,把"你"叫间接宾语,相应地,我们可以把"这把刀我切肉"里的"我"叫直接主语,"这把刀"叫间接主语。

1.7 以上说的都是单一的动词,现在我们把"向"的观念推广到动词性结构上去,就是说,由两个(或更多的)动词组成的动词性结构也有单向、双向、三向的区别。例如在"我帮他收拾屋子"里,"帮他收拾屋子"前头有主语"我",动词"收拾"后头有自己的宾语"屋子",动词"帮"后头又有自己的宾语"他",因此我们说"帮他收拾屋子"是一个三向的动词性结构。① 下面是同类的例子:
　　我跟他打电话
　　我陪他去看电影
　　我用这把刀切肉

----

① 我们说"我写字"里的动词"写"是双向动词,不说"写字"是双向动词性结构,按照这种分析法,应该说"帮…收拾…"是一个三向的动词性结构。

我对他有意见

按照这种看法,还可以有四向或更多的"向"的动词性结构,例如"我陪他上医院去看望病人"的谓语部分就是一个四向的动词性结构。

在上边举的三向或四向的动词结构里,核心动词的宾语是直接宾语,其它的动词(或介词)的宾语都是间接宾语。

以下我们把单向、双向和三向动词分别记为 D^1, D^2 和 D^3,单向、双向和三向的动词性结构记为 D^1J, D^2J 和 D^3J。

§2 潜主语和潜宾语

2.1 "写文章的人"的直接成分"写文章的"和"人"之间是修饰关系,间接成分"写"和"人"在结构上没有直接的语法关系,可是二者之间蕴藏着主语和谓语的关系。从这一点着眼,我们说"人"是"写"的潜主语。在"我写的文章"里,间接成分"写"和"文章"之间蕴藏着述语和宾语的关系(写文章),我们说"文章"是"写"的潜宾语。

在上面举的例子里,潜主语和潜宾语处在偏正结构的中心语的位置上,事实上潜主语和潜宾语也可以处在别的语法位置上。例如:

(1) 杯子我打破了
(2) 杯子被我打破了
(3) 我把杯子打破了

(1)(2)两句的潜宾语"杯子"出现在主语的位置上;(2)的潜主语"我"和(3)的潜宾语"杯子"出现在介词结构之中。

2.2 对单向动词来说,只能有潜主语。对双向动词来说,可以有潜主语,也可以有潜宾语。对三向动词来说,可以有潜主语、潜直接主语、潜间接主语、潜宾语、潜直接宾语、潜间接宾语。下边举一些例子来看:

D^1 旁边站着的〔那个人〕(潜主语)

D^2 { 他把〔杯子〕打破了(潜宾语)
把杯子打破的〔人〕(潜主语)
他打破的〔那个杯子〕(潜宾语)

D^2 { 杯子被〔他〕打破了(潜主语)
打破杯子的〔人〕(潜主语)

D^3 { 我帮他打铺盖的〔那个人〕(潜间接宾语)
帮他打铺盖的〔那个人〕(潜主语)
我帮他打的〔铺盖〕(潜直接宾语)

§3 "DJ 的"和"DJ 的 + M"

3.1 我们现在来讨论由动词性成分组成的"的"字结构,即:"DJ 的"。因为"DJ 的"和"DJ 的 + M"(由"DJ 的"修饰名词性成分组成的偏正结构)紧密相关,要讨论前者,就不能不涉及后者,所以我们把这两种结构放在一起讨论,或者说,作为一个问题来讨论。

3.2 "DJ 的 + M"包括以下两种不同的类型:

A	B
开车的人	开车的技术
老王开的那辆车	走路的样子
他讲的故事	火车到北京的时间
装书的箱子	他说话的声音
他给我的信	爆炸的原因

A 类格式里的 M 跟前边的动词性成分之间有潜在的主谓关

系或述宾关系。换句话说,M 是前边的动词的潜主语或潜宾语。B 类格式里的 M 跟前边的动词性成分之间没有潜在的主谓关系或述宾关系,即既不是潜主语,也不是潜宾语。

我们所以要把 A、B 两类格式分开是因为这两种格式有一点很重要的区别:A 类格式里的"DJ 的"可以指代整个偏正结构,例如"开车的"可以指代"开车的人","老王开的"可以指代"老王开的那辆车"。B 类格式里的"DJ 的"不能指代整个偏正结构,例如"开车的技术"不能用"开车的"指代,"他说话的声音"不能用"他说话的"指代。换句话说,A 类格式里的"DJ 的"可以离开 M 独立,B 类格式里的"DJ 的"不能离开 M 独立。

3.3 一个 A 类格式的构造和语法意义,是以下两方面的因素相互作用的结果。这两方面的因素是:(1)动词的性质,即看动词是 D^1,D^2 还是 D^3。(2)出现在 DJ 里的主语和宾语(包括出现在主宾语位置上的真主语和真宾语,也包括出现在其它语法位置上的潜主语和潜宾语)的情况,这主要是指:(a)出现的是主语还是宾语,对三向动词来说,是直接主语还是间接主语,是直接宾语还是间接宾语;(b)出现的主语和宾语的总数。为了显示这些情况,我们在 DJ 后边的括弧里标明出现的主宾语,并用 S 表示主语,O 表示宾语;在需要区分直接主宾语和间接主宾语的时候,用 S_1 表示间接主语,S_2 表示直接主语;O_1 表示间接宾语,O_2 表示直接宾语。如果主语和宾语都不出现,就用空括弧( )表示。例如:

我写的字　DJ(S)的 M
写字的人　DJ(O)的 M

写的字　DJ(　)的 M
我给他的信　DJ(S,O_1)的 M
被人家看不起的人　DJ(S)的 M
帮他打铺盖的那个人　DJ(O_1,O_2)的 M

3.4　为了便于对 A 类格式作进一步的分析,我们还需要介绍两个新的术语:主格和宾格。当 A 类格式里的 M 是潜主语的时候,我们说它处于主格,当 M 是潜宾语的时候,我们说它处于宾格。因为 A 类格式里的"DJ 的"可以指代"DJ 的 + M",所以"DJ 的"和"DJ 的 + M"以及 M 在主宾关系上是等价的。换言之,"DJ 的"和 M 必然同格。M 处于主格时,前边的"DJ 的"也处于主格,M 处于宾格时,前边的"DJ 的"也处于宾格。如果我们把 X 处于主格记为 X_s,把 X 处于宾格记为 X_o,那末当 M 是潜主语时,A 类格式可以写作:"(DJ 的)$_s$ + M_s",M 是潜宾语时,A 类格式可以写作:"(DJ 的)$_o$ + M_o"。因为"DJ 的"和 M 必然同格,我们没有必要把它们的格都标出来,因此上边的两个式子可以分别简化为:"DJ 的 + M_s"和"DJ 的 + M_o"。

这里需要指出两点:第一,主格和宾格的区分是以 DJ 为"坐标"来确定的,与"DJ 的 + M"在句子里所处的位置无关。举例来说,"你告诉写信的人"里的"写信的人"在句子里处于宾语的位置,可是它本身还是主格。第二,M_s 和 M_o 的区分取决于(DJ 的)$_s$ 和(DJ 的)$_o$ 的区分,因为离开了"DJ 的",M 本身无所谓主格和宾格。反过来说,"DJ 的"之为主格或宾格却是由它自身确定的(详下文),当它离开 M 独立时,仍旧有主格和宾格的区别。

3.5 下面我们按照 D^1,D^2 和 D^3 的顺序对 A 类格式作进一步的分析。

3.6 当 A 类格式里的动词是 D^1 时,如果 DJ 里没有主语出现,M 是潜主语,这就是说,这一类格式的构造是:"D^1J(　)的 ＋ M_s"。例如:

　　游行的群众　　　　刚下的那场雪
　　在河里游泳的孩子　初升的太阳

如果 DJ 里有主语出现,这样的格式必然是 B 类,不可能是 A 类。例如:

　　群众游行的路线　　下雪的原因
　　孩子游泳的姿势　　太阳升起的时候

3.7 当 A 类格式里的动词是 D^2 的时候,如果 DJ 里有主语出现,M 就是潜宾语,如果 DJ 里有宾语出现,M 就是潜主语。前者的构造是:"$D^2J(S)$的 ＋ M_o"。例如:

　　他写的信　　　　被汽车撞倒的人
　　群众拥护的人　　他所说的话

后者的构造是:"$D^2J(O)$的 ＋ M_s"。例如:

　　写信的人　　　　把他撞倒的那辆汽车
　　拥护他的群众　　连话也说不清楚的人

如果 DJ 里主语宾语都不出现,那末 M 可以是潜主语,也可以是潜宾语,这一类格式的构造是:"$D^2J(　)$的 ＋ M_o/M_s"。例如:

　　写的字　　写的人
　　煮的饭　　吃的人

因为这类格式里的 M 可以是潜主语,也可以是潜宾语,所以是有歧义的。例如"写的人"可以指写东西的人,也可以指被写的人(例如小说里写的人物)。"吃的人"通常总是指吃某种东西的人,可是在某种特殊的语言环境里也可以指被什么东西(譬如说老虎)吃了的人。"煮的饭""写的字"在正常的语言环境里没有歧义,是受词义制约的结果。因此当"DJ 的"离开 M 独立时,就无法消除歧义,例如"煮的""写的"可以理解为煮的饭,写的字,也可以理解为煮饭的人,写字的人。

如果 DJ 里主语和宾语同时出现,那末 M 既不可能是潜主语,也不可能是潜宾语,这样的格式只能是 B 类,不可能是 A 类,例如：

他开车的技术　　　我上大学的时候
小李说话的口音　　学校把他开除的原因

3.8　下边所举的句子里的"DJ 的"都能离开 M 独立,可见是 A 类格式,但是 DJ 里主语和宾语同时出现,好象是上文提出的论断的例外：

(1) 我切肉的那把刀
(2) 我请他来帮忙的那位同志
(3) 王大夫把他治好的那个病人

我们在§1.6 里曾经指出,"那把刀我切肉"里的"切"应看成是三向动词,这里说的关于双向动词的规律当然对它不适用,可见(1)不是例外。(2)的 DJ 里的宾语"他"复指后边的中心语"那位同志",实际上是一个羡余的成分(redundant form),换句话说,"我请他来帮忙的那位同志"和"我请来帮忙的那位同志"是完全等价的格式,可见(2)仍应分析为"$D^2J(S)$ 的 + M_0",同样,(3)也应分析为"$D^2J(S)$ 的 + M_0"。

3.9　当 A 类格式里的动词是 D^3 时,如果主语、直接宾

语和间接宾语三项里有两项在 DJ 里出现,这个时候 M 可能是潜主语,也可能是潜直接宾语或潜间接宾语。例如:

(1) 给他那张票的人　$D^3J(O_1,O_2)$的 $+M_s$
(2) 你给他的那张票　$D^3J(S,O_1)$的 $+M_{o2}$
(3) 你给票的那个人①　$D^3J(S,O_2)$的 $+M_{o1}$

如果 $S、O_1、O_2$ 三项里只有一项在 DJ 里出现,那末 M 就有两种可能的解释,例如:

(4) 给书的人　$D^3J(O_2)$的 $+M_s/M_{o1}$
(5) 给他的人　$D^3J(O_1)$的 $+M_s/M_{o2}$
(6) 我给的人　$D^3J(S)$的 $+M_{o1}/M_{o2}$

这三类格式都是有歧义的。(4)可以理解为把书给别人的人,也可以理解为接受书的人。(5)可以理解为把东西给他的人,也可以理解为别人给他的人。(6)可以理解为接受我的东西的人,也可以理解为我给别人的人。

如果 $S、O_1、O_2$ 都不在 DJ 里出现,那末 M 就有三种可能的解释。例如:

(7) 给的人　$D^3J(\ )$的 $+M_s/M_{o1}/M_{o2}$

(7)可以理解为把东西给别人的人,可以理解为接受东西的人,也可以理解为所给的人(给的钱倒不少,给的人太少了)。

我们说(4)—(7)这四类格式有歧义,是说这些格式都有产生歧义的可能,并不是说按照这些格式造出的句子都有歧义。举例来说,如果我们把(5)和(6)里的"人"换成"书",由于词义的制约,"书"都只能理解为 M_{o2}。

---

① 也可以说"你给他票的那个人",不过这里的"他"是复指成分,所以结构同(3)。

如果 S, O_1, O_2 同时在 DJ 里出现,这样的格式只能是 B 类,不可能是 A 类,例如:

(8) 我给学生这本书的原因

(9) 我教小王数学的时候

(10) 他跟孩子说话的口气

上面说的是带双宾语的三向动词组成的 A 类格式。带双主语的三向动词组成的 A 类格式(我切肉的那把刀),情形与此完全平行,因为篇幅的限制,这里不作具体的分析。

3.10 我们在§3.3里曾经指出,A 类格式的语法构造和语法意义是和动词的类别(D^1, D^2 "还是 D^3")以及 DJ 的内部构造(主要是主语和宾语出现的情况)密切相关的。通过上文对 A 类格式的具体分析,可以更清楚地看到以上三个方面之间的联系是有规律的,这种规律可以概括为以下两点:

第一,如果我们用 n 来代表动词的"向"的数目(D^1, D^2, D^3 的 n 值分别为1,2,3),用 m 代表在 DJ 里出现的主语和宾语的总数(复指成分不计),那末在 A 类格式里,m 必须小于 n。如果 m = n,这样格式就只能是 B 类,不可能是 A 类。

第二,如果把 n 和 m 的差记为 p,即:

$$p = n - m$$

那末 p 就代表这个格式可能有的语义解释的个数。当 p = 1 时,这个格式只能有一种解释,也就是说没有歧义。当 p = 2 时,可以有两种解释,当 p = 3 时,句子可以有三种解释,等等。因此我们可以把 p 叫作 A 类格式的歧义指数。

3.11 关于歧义指数 p 需要说明一点,即当 DJ 里的核心动词前边有"被"或"所"出现时,因为"被"和"所"都蕴含着一个没有出现的潜主语,所以 m 值应加上1,结果是相应的 p

值减少 1。例如:

$$\begin{cases} 反对的是他(n=2,m=0,p=2) \\ 被反对的是他(n=2,m=1,p=1) \end{cases}$$

$$\begin{cases} 吃的人(n=2,m=0,p=2) \\ 所吃的人(n=2,m=1,p=1) \end{cases}$$

当"被"字后头和"所"字前头有 M 出现的时候,m 值不再递增。例如:

$$\begin{cases} 他是被人家反对的(n=2,m=1,p=1) \\ 老虎所吃的人(n=2,m=1,p=1) \end{cases}$$

§4 由"的"字结构组成的判断句

4.1 现在我们来讨论本文开头提出的五类判断句,先讨论前两类,即:

S_1:M + 是 + DJ 的

S_2:DJ 的 + 是 + M

从结构上看,S_2 和 S_1 的区别仅在于 M 和"DJ 的"的位置互易。这两类句式和 A 类偏正结构"DJ 的 + M"的关系是非常密切的。我们在 §3 里指出的"DJ 的 + M"里 M 和"DJ 的"之间互相制约的种种关系同样也存在于 S_1 和 S_2 里的 M 和"DJ 的"之间,这主要是指:

1. 跟"DJ 的 + M"(A 类)一样,S_1 和 S_2 里的 M 都是 DJ 的潜主语或潜宾语。例如"这本书是我给他的(S_1)"里的"这本书"是全句的主语,同时又是动词"给"的潜直接宾语。"他是昨天晚上来的(S_1)"里的"他"是全句的主语(即对于谓语"是昨天晚上来的"来说是主语),同时又是动词"来"的潜主语。

2. 在 DJ 里,$m<n,p\geq 1$。

3. 当 p = 1 时,句子无歧义。例如"我们反对的是他(S_2)","反对这个意见的是他(S_2)"(n = 2, m = 1, p = 1)。p = 2 时,句子可以有两种解释。例如"反对的是他(S_2)"(n = 2, m = 0, p = 2)里的"他"可以理解为被反对的人,也可以理解为持反对意见的人。p = 3 时,句子可以有三种解释。例如"小王是给的(S_1)"(n = 3, m = 0, p = 3)里的"小王"可以理解为给予者(小王给小李一本书,小王是给的,小李是拿的),也可以理解为接受者,即间接宾语,还可以理解为所给的人,即直接宾语。

4. M 和"DJ 的"同格。

总之,我们对于 S_1 和 S_2 两类句式应该作的结构分析都已经包括在 §3 里对于"DJ 的 + M"所作的结构分析之中了,这里没有更多的话要说。下边就这两类句式举一些实例。先举 S_1 的例子:

小王是昨天晚上来的	M_s + 是 + $D^1J(\ )$的
他是来游泳的	M_s + 是 + $D^1J(\ )$的
小王是管食堂的	M_s + 是 + $D^2J(O)$的
药是治不好他的病的	M_s + 是 + $D^2J(O)$的
这件毛衣是他自己打的	M_o + 是 + $D^2J(S)$的
蛇是可以吃的	M_s/M_o + 是 + $D^2J(\ )$的
这个消息是我告诉他的	M_{o2} + 是 + $D^3J(S,O_1)$的
这间屋子是公社堆化肥的	M_{s1} + 是 + $D^3J(S,O)$的

下边是 S_2 的例子:

昨天晚上来的是小王	$D^1J(\ )$的 + 是 + M_s
管食堂的是小王	$D^2J(O)$的 + 是 + M_s
把事情弄糟的是他自己	$D^2J(O)$的 + 是 + M_s

我不能理解的是这一点	$D^2J(S)$ 的 + 是 + M_o
反对的是小王	$D^2J(\ )$ 的 + 是 + M_s/M_o
教我英语的是李老师	$D^3J(O_1,O_2)$ 的 + 是 + M_s

4.2 以上是从结构上说的,从语义上看,S_1 里 M 和"DJ 的"之间的关系跟逻辑上所谓"成素与类"的关系相当。例如"小王是昨天晚上来的"可以解释为小王是"昨天晚上来的人"这个类里头的一个成素。S_2 里"DJ 的"和 M 之间的关系则跟逻辑上的等同关系(identification)相当。例如"昨天晚上来的是小王"可以解释为昨天晚上来的人和小王"等同",即"小王"和"昨天晚上来的人"是同一个人。

如果"DJ 的"所代表的类里只包含一个成素,此时 M 和"DJ 的"实际上是等同的,但是即使在这种情况下,S_1 和 S_2 在语义上仍旧有区别。比较:

小王是第一个跳下水去的(S_1)

第一个跳下水去的是小王(S_2)

前一句是对于小王这个对象的性质的陈述,即"小王"是"第一个跳下水去的"那样的人;后一句表示等同,即确认"第一个跳下水去的人"和"小王"之间的同一性(第一个跳下水去的不是别人,是小王)。当我们说这两句话的时候,"小王"和"第一个跳下水去的人"在事实上是同一的,即指同一个人,可是"小王"和"第一个跳下水去的"这两个语言形式表示的概念则完全不同。"小王"是指称的对象,"第一个跳下水去的"则是从内涵上对于这个指称对象的陈述。从语言形式上着眼,"小王"可以叫指称形式,"第一个跳下水去的"可以叫分析形式。在汉语里,凡是指称形式在前分析形式在后的判断句总是表示分类,分析形式在前指称形式在后的总是表示等同。

4.3 如果 DJ 里的核心动词是"有",这个时候 S_1 和 S_2 语义上的差异表现得特别明显。比较:

(1) 钱是有的(S_1)

(2) 有的是钱(S_2)

(1)表示分类,即钱属于"有的"(存在的或被领有的)那一类,不属于"没有的"(不存在的或非领有的)那一类。这个说法实际上相当于逻辑上的特称判断,[①]即:有些钱是存在的(或被领有的)。(2)表示等同,即存在的(或被领有的)东西和钱同一。这个说法相当于逻辑上的全称判断,即:所有存在的(或被领有的)东西都是钱。换句话说,除了钱以外没有别的东西。因此(1)表示有钱,但钱不一定多,(2)则是钱多的一种夸张的说法。

4.4 在讨论 S_3 之前,首先要研究一下这类句式的符号表示式的写法问题。我们把 S_3 写作:"是 + M + DJ 的",显然是把 M 看成是"DJ 的"以外的一个成分。可是通常认为这类句子里的 M 是 DJ 的主语,即认为"是"后头是一个由主谓结构加上"的"形成的"的"字结构。按照这种分析法,S_3 应写作:"是 + (M + DJ)的"。如果不强调这个"的"字结构的内部构造的话,可以径直写作:"是 + DJ 的"。下面姑且按照这种分析方法来进行讨论。

[①] 传统逻辑所说的特称判断,在数理逻辑上表示为:$(Ex)F(x)$,意谓:至少有一个 x 使 $F(x)$ 成立。传统逻辑所说的全称判断,数理逻辑表示为:$(x)F(x)$,意谓:对于一切 x,$F(x)$ 成立。

4.5 当"DJ 的"里的 m 值小于 n 时,即当 p⩾1 时,[①]我们总可以在"是"前头安上一个主语,例如:

是我写的($n=2, m=1, p=1$)→信是我写的

是我告诉他的($n=3, m=2, p=1$)→这个消息是我告诉他的

上面是 $p=1$ 的例子。如果 $p=2$,句子就出现歧义,例如:

是我教的($n=3, m=1, p=2$) $\begin{cases} →这个学生是我教的 \\ →物理是我教的 \end{cases}$

安上主语以后的句子就是 S_1,可见没有安主语以前的"是 + DJ 的"就是 S_1 的谓语部分,并不是什么新的句式,我们应该把这一部分句子排除在 S_3 之外。

4.6 当 $p=0$ 时,S_3 前头补不出主语来,例如:

是我先咳嗽的($n=1, m=1, p=0$)

是王大夫把小李的病治好的($n=2, m=2, p=0$)

是他先去买票的($n=2, m=2, p=0$)

是小王把这张票给我的($n=3, m=3, p=0$)

根据我们在 §3 里的分析,如果"DJ 的"里的 $m=n$,即 $p=0$ 时,就只能是 B 类格式,不可能是 A 类格式。可是 B 类格式里的"DJ 的"不能独立,后头必须有 M,而这里的"DJ 的"却是独立的,这就陷入了矛盾。

所以会出现这样的矛盾,显然是因为把 M 看成 DJ 里的一个成分(主语)的缘故。如果把 M 移出 DJ,m 值相应地减少1,这就没有矛盾了。现在我们把 M 从 DJ 里移出来,即把

---

① 因为我们在这里暂时把 S_3 分析为"是 + (M + DJ)的",即把 M 看成是 DJ 的主语,所以这里的 p 值指的是(M + DJ)里的 p 值,如果我们把 M 提出来,即把 S_3 分析为"是 + M + DJ 的",那末 DJ 里的 p 值都要递增1。

S_3 的结构分析为:"是 + M + DJ 的"。这其实是一个主语"DJ 的"后置的主谓句,如果把主语提到谓语之前,就变成了:"DJ 的 + 是 + M"。这个句式正是我们在上文讨论过的 S_2,可见 S_3 和 S_2 之间存在着变换关系。由于所有的 S_3 都能变换为 S_2,但不是所有的 S_2 都能变换为 S_3,这个变换关系应该写成 "$S_3 \to S_2$"的形式。下边举些例子来看:

是我先咳嗽的→先咳嗽的是我

是他把手风琴弄坏的→把手风琴弄坏的是他

是小王第一个去买票的→第一个去买票的是小王

是王大夫把他治好的→把他治好的是王大夫

是小王把票给我的→把票给我的是小王

4.7 关于 S_3,有一点特别值得注意,就是这类句式里的 M 都处于主格。因此只有"是他把敌人打伤的"的说法,没有"是他被敌人打伤的"的说法。①

因为 S_3 里的 M 都必须是 M_s,所以由双向动词组成的 S_3 的形式只能是:"是 + M_s + $D^2J(O)$ 的"。由三向动词组成的 S_3 只能是:"是 + M_s + $D^3J(O_1, O_2)$ 的"。因为由单向动词组成的独立的"的"字结构只能是"$D^1J(\ )$的"(§3.6),所以跟它相应的 S_3 的形式自然只能是:"是 + M_s + $D^1J(\ )$的"。

4.8 上文说由双向动词组成的 S_3 的形式只能是:"是 + M_s + $D^2J(O)$ 的"。因此象"是 + M + $D^2J(\ )$ + 的"(是我写的)这样的形式就不可能是 S_3。事实上此类形式前头都能补

---

① S_2 里的 M 可以处于主格,也可以处于宾格,所以既有"把敌人打伤的是他"的说法,也有"被敌人打伤的是他"的说法。

出主语来(这封信是我写的)构成 S_1。可见这一类形式的结构应分析为:"是 + (M + D^2J)的"。这不是 S_3,而是 S_1 的谓语部分(参看§4.5)

"李凌是我请来的"是 S_1,我们可以在这个句子的 DJ 里加上"把他",用"他"来复指主语"李凌",说"李凌是我把他请来的"。加上"把他"以后,这个句子还是 S_1(m = 1,复指成分"他"不计在 m 值之内)。当"是我把他请来的"独立成句的时候,前边没有主语,"他"不能看成复指成分。此时,"是我把他请来的"跟"是我把李凌请来的"一样,是完整的 S_3 句式,不是省略了主语的 S_1。

4.9 S_3 和 S_2 不仅在变换上是相关的,在语义上也是相通的,即都表示等同。但由于 S_3 里的 M 都处于主格,所以 S_3 表示的不是一般的等同关系,而是对施事的确认。

4.10 我们把 S_4 写作:

是 + DJ 的 + M

S_4 和 S_3 的差别仅在于"DJ 的"和 M 的位置互易。上文已经指出,S_3 应看成是主语"DJ 的"后置的主谓句,同样,S_4 也应看成是主语 M 后置的主谓句。如果把主语提到句首,S_4 就变成了:"M + 是 + DJ 的"。这正是我们已经讨论过的 S_1。可见 S_4 和 S_1 之间存在着变换关系。因为所有的 S_4 都能变换为 S_1,但不是所有的 S_1 都能变换为 S_4,所以我们把这个变换关系写成:"$S_4 \rightarrow S_1$"。下边是这种变换关系的实例:

(1) 是瓦特发明的蒸汽机→蒸汽机是瓦特发明的

(2) 是我出的作文题→作文题是我出的

(3) 是小王打来的电话→电话是小王打来的

(4) 是他开的灯→灯是他开的
(5) 是李老师考的他→他是李老师考的
(6) 是学校借给他的旅费→旅费是学校借给他的
(7) 是你传染给我的感冒→感冒是你传染给我的
(8) 是昨天发的信→信是昨天发的
(9) 是这儿买的票→票是这儿买的
(10) 是用凉水洗的脸→脸是用凉水洗的

(1)至(7)各句的 DJ 的核心动词前头是名词或人称代词，(8)至(10)各句的 DJ 的核心动词前头是时间词，处所词或某些介词结构。

因为 S_4 里的 M 事实上是 DJ 的潜宾语，所以：第一，M 和"DJ 的"都处于宾格；第二，DJ 只能是双向的或三向的，不能是单向的。

4.11 S_4 的语义重心在核心动词前边的成分上。例如"是瓦特发明的蒸汽机"，意思是说：发明蒸汽机的是瓦特而不是别人。又如"是用凉水洗的脸"，意思是说，洗脸用的是凉水，不是什么别的水。因此当 DJ 是一个主谓结构的时候，主语部分就是语义重心所在。此时，S_4 和 S_3 一样，都是对于施事的确认。比较：

S_4	S_3
是小王打来的电话	是小王打电话来的
是你传给我的感冒	是你把感冒传给我的
是学校借给他的旅费	是学校借给他旅费的

跟 S_4 相应的 S_1 的语义重心也在核心动词前边的成分上，因此这两种句式在意义上的联系也是很明显的。比较：

S_4	S_1
是瓦特发明的蒸汽机	蒸汽机是瓦特发明的
是前天下的雪	雪是前天下的
是用机器包的饺子	饺子是用机器包的

4.12 为了对 S_4 作进一步的分析，我们把数值 m 的含义加以扩大，即把潜宾语 M 也计算在 m 值之内。我们把这个数值记为 m'，并把 n 与 m' 的差记为 p'，即：

$$p' = n - m'$$

当 S_4 里 $p'=0$ 时，句子不能有主语，我们在 §4.10 里举的(1)—(7)诸列都属于这种类型。① 当 $p'=1$ 时，我们可以在句首安上一个主语，例如：

（我）是昨天买的票
（我）是星期天去的颐和园 $\left.\right\}(n=2, m'=1, p'=1)$

（我）是用凉水洗的脸
（李大夫）是给我开的药方 $\left.\right\}(n=3, m'=2, p'=1)$
（这批工人）是学校发的工资

前四句的主语是 DJ 的潜主语，最后一句的主语是 DJ 的潜间接宾语。

当 $p'=2$ 时，句子有歧义，相应地，我们可以在句首补出两种不同类型的主语，例如：

（学校）是昨天发的工资
（我）是昨天发的工资 $\left.\right\}(n=3, m'=1, p'=2)$

---

① 此类句子前头可以安上主语"这"或"那"，不过这样一来，整个句子的结构就变了。例如"这是瓦特发明的蒸汽机"，其中"瓦特发明的蒸汽机"是一个名词性的偏正结构，句子的基本结构和"这是蒸汽机"相同。

前一句的主语是 DJ 的潜主语,后一句的主语是 DJ 的潜间接宾语。

4.13　上节指出,当 S_4 的 $p' \geqslant 1$ 时,句首可以补出主语。我们把补出主语以后的句式写作:"$M_1 +$ 是 $+$ DJ 的 $+ M_2$"。这实际上是以 S_4 为谓语的主谓句。这种句式可以概括地写作:

$$M + S_4$$

4.14　我们把 S_4 分析为主语后置的主谓句,其中的"DJ 的"和 M 不发生直接的结构关系。但因为"DJ 的 $+$ M"和"DJ 的"作修饰语的偏正结构同形,所以"是 $+$ DJ 的 $+$ M"往往有歧义。例如"是我写的诗"可以理解为是对问题"这是什么?"的回答(此时"我写的诗"是一个名词性的偏正结构);也可以理解为是对问题"诗是谁写的?"的回答(此时"是我写的诗"是 S_4)。再如"他是去年生的小孩儿"里的"他"可以理解为小孩儿,也可以理解为小孩儿的母亲。在前一种意义上,"去年生的小孩儿"是一个名词性偏正结构;在后一种意义上,这个句子的谓语部分"是去年生的小孩儿"是 S_4,整个句子就是我们在上两节里讨论过的"$M + S_4$"。①

4.15　现在我们讨论 S_5。S_5 的形式是:

(DJ 的)$_1 +$ 是 $+$ (DJ 的)$_2$

这类句式有两种不同的分析法。我们可以把(DJ 的)$_1$ 当作指称形式看待,把(DJ 的)$_2$ 当作分析形式看待。也可以反过

---

① 此例引自赵元任〈Ambiguity in Chinese〉(见〈Aspects of Chinese Sociolinguistics〉,301 页)。赵氏认为在后一种意义上,这个句子的结构应分析为:"他是去年生小孩儿的。"

来,把(DJ 的)$_2$ 当作指称形式看待,把(DJ 的)$_1$ 当作分析形式看待。举一个具体的例子来说:

  我要的是有插图的

按照前一种分析法,"我要的"是"有插图的"的潜主语。按照后一种分析法,"有插图的"是"要"的潜宾语。这两种分析法可以分别表示如下:

  (1) $\{[D^2J(S)的]_o\}_s + 是 + [D^2J(O)的]_s$

  (2) $[D^2J(S)的]_o + 是 + \{[D^2J(O)的]_s\}_o$

从这两个符号表示式可以看到,这类句式里选作指称形式的"DJ 的"的格不是以它本身的 DJ 为坐标确定的,而是以选作分析形式的"DJ 的"里的 DJ 为坐标确定的。(1)实际上和 S_1 "这本书是有插图的"属于同一类型,(2)实际上和 S_2 "我要的是这本书"属于同一类型。

§5 五种判断句的紧缩形式

 5.1 我们现在要讨论的是下边五种句式:

  (1) 我昨天来的

  (2) 他说的上海话

  (3) 我请他来的

  (4) 谁开的电灯

  (5) 我看的郭兰英演的

通常认为(1)和(3)里的"的"是语气词。按照这种看法,(1)和(3)是同一种类型的句子,即句尾带语气词"的"的主谓句。(2)、(4)和(5)跟由"DJ 的"作修饰语的名词性偏正结构同形,不同的是(2)和(4)的中心语是名词,(5)的中心语是

"的"字结构。作为偏正结构,(2)、(4)和(5)都是对某种事物(上海话,电灯,郭兰英演的戏)的指称,但作为句子,则是对某件事(他说上海话,谁开电灯,我看的那出戏是郭兰英演的)的陈述。因此(2)、(4)和(5)常常用来作为语法形式和语法意义参差的例子。①

这五种句式都能加上"是"字分别转化为 S_1, S_2, S_3, S_4 和 S_5:

S_1:我是昨天来的

S_2:他说的是上海话

S_3:是我请他来的

S_4:是谁开的电灯

S_5:我看的是郭兰英演的

加上"是"以后,句子的意思保持不变,而且这五种句式的否定形式也跟 S_1—S_5 的否定形式完全一样,可见这五种句式不过是 S_1—S_5 的紧缩形式,即省略了"是"的形式。按照这种看法,我们认为(1)和(3)句末的"的"就是通常说的助词"的",②不是什么语气词。(2)、(4)和(5)都是跟名词性偏正结构同形的判断句。以下我们把这五种句式分别记为 S'_1, S'_2, S'_3, S'_4 和 S'_5,并把它们写成下边的形式:

S'_1: M + ( ) + DJ 的

S'_2: DJ 的 + ( ) + M

---

① 赵元任〈Formal and Semantic Discrepancies between Different Levels of Chinese Structure〉(见〈Aspects of Chinese Sociolinguistics〉397 页)。

② 即《说"的"》里所说的"的 3"。

$S'_3:(\ ) + M + DJ\ 的$
$S'_4:(\ ) + DJ\ 的 + M$
$S'_5:(DJ\ 的)_1 + (\ ) + (DJ\ 的)_2$

因为 S'_1—S'_5 是 S_1—S_5 的紧缩形式，所以我们在 §4 里对于 S_1—S_5 所作的分析也同样适用于 S'_1—S'_5，以下仅就某些方面作一些必要的补充。

5.2 S_1 "这本书是小王给我的"在一定的语言环境里可以略去主语只说"是小王给我的"。跟"这本书是小王给我的"相对应的 S'_1 是："这本书小王给我的"，谓语部分"小王给我的"也可以单独成句。当"小王给我的"单独成句的时候，通常把它跟"我昨天来的"(S'_1)同等看待，认为也是句末带语气词"的"字的主谓句。其实"小王给我的"只是 S'_1 句式的谓语部分，它本身则是一个"的"字结构（"DJ 的"）。把"小王给我的"和"我昨天来的"相提并论，是把部分和全体等同起来，显然是不对的。

5.3 比较下边三个句子：
(1) 他说的上海话
(2) 他说的是上海话
(3) 他是说的上海话

这三个句子的意思一样，但结构不同。(1) 是 S'_2，(2) 是 S_2，(3) 应分析为：

他 + 是 +（说的 + 上海话）

这是一个以 S'_2 为成分的判断句。同样，"我买的旧的"是 S'_5，"我买的是旧的"是 S_5，"我是买的旧的"应分析为："我 + 是 +（买的 + 旧的）"。即是一个以 S'_5 为成分的判断句。

5.4　S_2' 和 S_4' 的形式都是"DJ 的 + M",而"DJ 的 + M"又和以"DJ 的"为修饰语的名词性偏正结构同形,因此 S_2' 和 S_4' 都可能产生歧义。比较:

(1) 我写的诗不多

(2) 我写的诗(我写的是诗)

(3) 我写的诗(是我写的诗)

这三个例子里的"我写的诗"意思不一样,分别代表三种不同的结构:

(ⅰ) DJ 的 + M

(ⅱ) DJ 的 + (　) + M

(ⅲ) (　) + DJ 的 + M

(ⅰ)是名词性偏正结构,(ⅱ)是 S_2',(ⅲ)是 S_4'。为了把(ⅱ)、(ⅲ)跟(ⅰ)区别开,有人把(ⅱ)和(ⅲ)里的"的"解释为动词词尾。这种解释是不能成立的,因为当 S_2' 和 S_4' 里的动词是 D_3 的时候,后边可以有间接宾语出现,例如:

S_2':我给(他)的零钱(我给他的是零钱)

S_4':我给(他)的零钱(是我给他的零钱)

当间接宾语在句子里出现的时候,显然不能把"的"字解释为前边动词的词尾。

(《中国语文》1978 年第 1 期、第 2 期)

与动词"给"相关的句法问题

§0 引言

0.1 把"给"字分析成动词兼介词,可以比较简单地解释许多句法现象。本文采取这种看法,并且撇开介词"给",集中讨论由动词"给"组成的以下三种句式:

$S_1: M_s + D + 给 + M' + M$(我送给他一本书)
$S_2: M_s + D + M + 给 + M'$(我送一本书给他)
$S_3: M_s + 给 + M' + D + M$(我给他写一封信)

在上边的写法里,M_s代表充任主语的体词性成分,D代表动词,M和M′代表充任宾语的体词性成分。

由于以上三种句式跟双宾语句式有密切的关系,我们把双宾语句式也作为本文讨论的对象,并把它记作:

$S_4: M_s + D + M' + M$(我送他一本书)

在S_4里,M′是间接宾语,M是直接宾语。为了便于称述,我们把其它三种句式里的M′和M也分别称为间接宾语和直接宾语。

0.2 一般地说,S_1—S_4里的直接宾语M可以是单独的名词,也可以是复杂的体词性结构。不过这些句式似乎都有一种排斥由单独的名词充任直接宾语的倾向,比较:

$S_1 \begin{cases} 我送给他书/我送给他一本书 \\ 我借给他钱/我借给他五块钱 \end{cases}$

$S_2 \begin{cases} 你沏茶给我/你沏杯茶给我 \\ 你打毛衣给我/你打件毛衣给我 \end{cases}$

$S_4 \begin{cases} 他送我糖/他送我一盒糖 \\ 他卖我书/他卖我一批书 \end{cases}$

斜线以前的、由单独的名词充任直接宾语的句子并不是不能说,但往往是粘附的(bound form),即只能在更大的句法环境里出现,本身不大能独立成句,例如:

$S_1 \begin{cases} 我送给他书(看) \\ 我借给他钱(使) \end{cases}$

$S_2 \begin{cases} 你沏茶给我(喝) \\ 你打毛衣给我(穿) \end{cases}$

$S_4 \begin{cases} 他送我糖(,我送他茶叶) \\ 他卖我书(,我卖他画儿) \end{cases}$

以上举的是 S_1、S_2 和 S_4 的例子。S_3 里的直接宾语如果是单独的名词,句子里的"给"多半是介词而非动词,此时整个句子就不再是 S_3 了(看§3.1)。例如:

我给他打毛衣

我给他沏茶

我给他买书

我给他炒菜

总的说来,S_1—S_4 里的 M 最占优势的形式是:数量词+名词。

§1 $S_1: M_s + D + 给 + M' + M$

1.1 我们把出现在 S_1 里的动词称为 D_a。① D_a 是一个不大的封闭的类。常见的 D_a 有:

---

① 只有在完整的 S_1 里出现的动词才算 D_a.有些动词如"买"可以在"给+M′+的"前头出现,例如"这双鞋是买给小妹的",但不能在"给+M′+M"之前出现(*"我买给小妹一双鞋")。这样的动词不算 D_a。

送　卖　还　递　付　赏　嫁　交　让　教　分　赔　退　输
补　发　拨　赠　赐　献　传　捎　带　寄　汇　留　扔　踢
找(~钱)　塞(~给我一块糖)　写(~信)　打(~电话)
许(~给他一个女儿)　撅(~菜)　舀(~汤)　借①　租①
换①介绍　推荐　分配　遗传　传染　过继　转交　移交
交还　归还　退还　赠送　转送　转卖　告送

很明显,大部分 D_a 类动词的不同的词汇意义里都包含一个共同的语义成分(semantic component)——给予。所谓"给予",②可以描述为:

(1) 存在着"与者"(A)和"受者"(B)双方。

(2) 存在着与者所与亦即受者所受的事物(C)。

(3) A 主动地使 C 由 A 转移至 B。

在 S_1 里,主语 M_s 体现"与者"(A),宾语 M′体现"受者"(B),宾语 M 体现一方所与、另一方所受的事物(C)。因为在 S_1 这个语言系列里,M′位于 M_s 之右,③所以 C 由 A 转移至 B,表现在语言系列上就是向右方移动。我们说 D_a 类动词是"右移"的。

1.2　有少数 D_a 类动词本身似乎不包含给予的意义,例如"写、留、撅、舀"等。但这些动词在 S_1 里出现的时候,整个句子是表示给予的。例如:

他写给校长一封信

他留给小王一个坐位

---

① 看下文 §2.2。

② 这里"给予"指的是 D_a 类动词所包含的语义成分,不是指"给予"这个词本身。

③ 事实上,在 S_2、S_3 和 S_4 里,M′也都在 M_s 之右。

他搛给我一块鱼

他舀给我一勺酱油

这些动词的意义在§3里还要详细讨论。

$$\S 2 \quad S_2: M_s + D + M + 给 + M'$$

2.1 所有 D_a 类动词都能在 S_2 里出现。换言之,所有的 S_1 都能变换为 S_2。例如:

他寄给老张一个包裹→他寄了一个包裹给老张

公社卖给我们一批木材→公社卖一批木材给我们

他交给我一把钥匙→他交一把钥匙给我

他扔给我一个球→他扔了个球给我

不过能在 S_2 里出现的动词不限于 D_a,例如:

你买点水果给病人

他偷了一份情报给敌人

他抢了个位子给我

他要了一份客饭给我

"买、偷、抢"等动词不在 S_1 里出现,显然不是 D_a。从意义上看,这些动词表示的不是给予,而是取得。所谓"取得"可以描述为:

(1) 存在着"得者"(A')和"失者"(B')双方。

(2) 存在着得者所得亦即失者所失的事物(C')。

(3) A' 主动地使 C' 由 B' 转移至 A'。

在上述"你买点水果给病人"等句子里,只出现"得者",没有出现"失者"。在双宾语句式 $S_4(M_s + D + M' + M)$ 里,"得者"和"失者"一起出现:

我买了他家一所房子

他偷了人家一把斧子

他抢了我一张邮票
他收了我五块钱

在 S_4 里,主语 M_s 体现"得者"(A′),宾语 M′体现"失者"(B′),宾语 M 体现一方所得、另一方所失的事物(C′)。C′由 B′转移至 A′,表现在语言系列上是向左方移动。上文 §1.1 曾指出,表示给予的 D_a 类动词是右移的,现在知道表示取得的动词是左移的。以下把这一类左移的动词记为 D_b。

2.2 "卖"是 D_a,它的反义词"买"是 D_b。"嫁"(D_a)和"娶"(D_b),"输"(D_a)和"赢"(D_b),"送(~礼)"(D_a)和"收"(D_b)是同类的例子。

"借"既是 D_a,又是 D_b,因此"张三借李四一本书"(S_4)有歧义。这个句子可以理解为"张三借给李四一本书",也可以理解为"李四借给张三一本书"。在前一种意义上,"借"表示给予,是右移的 D_a;在后一种意义上,"借"表示取得,是左移的 D_b。我们把这两个不同的"借"分别记作"$借_a$"和"$借_b$"。除了"借"以外,"租"和"换"也兼属 D_a 和 D_b 两类。

2.3 D_b 也是一个封闭的类,常见的 D_b 有:
买 抢 偷 骗 拐 娶 赢 赚 扣 拿 收 要 罚
$借_b$ $租_b$ $换_b$

2.4 如上所述,S_2 里的动词可以是 D_a,也可以是 D_b。不过由这两类动词组成的 S_2 是有区别的。比较:

$S_2(D_a)$① $S_2(D_b)$
我卖了一批书给图书馆   我买了一批书给学校

---

① $S_2(D_a)$ 表示由 D_a 类动词组成的 S_2 句式,余仿此。

我送一张票给小李　　　　我抢了一张票给小李
　　他让了个坐位给我　　　　他要了杯啤酒给我
$S_2(D_a)$可以变换为S_1，例如：
　　我卖了一批书给图书馆→我卖给图书馆一批书
　　我送一张票给小李→我送给小李一张票
　　他让了个坐位给我→他让给我一个坐位
上文已经指出，所有的$S_1(D_a)$都可以变换为$S_2(D_a)$，因此$S_1(D_a)$和$S_2(D_a)$之间的变换关系是可逆的，即：
$$S_1(D_a) \rightleftarrows S_2(D_a)$$
$S_2(D_b)$不能变换为S_1，因为 $*S_1(D_b)$ 不成立：
　　*我买给他一本书
　　*我抢给他一份报纸
　　*他要给我一杯白兰地①

从语义上看，$S_2(D_a)$和$S_2(D_b)$也是有区别的。"张三卖一所房子给李四"是$S_2(D_a)$，"张三买一所房子给李四"是$S_2(D_b)$。在前一句里，张三卖房子的过程，就是房子由张三处转移至李四处(给予)的过程。在后一句里，张三买房子和张三把房子给李四是彼此分离的两件事。

2.5 "借$_a$"和"借$_b$"同形异类。因为S_1里的动词都是D_a，所以"张三借给李四一本书"里的"借"只能是"借$_a$"。S_2可以容纳D_a，也可以容纳D_b，所以"张三借一本书给李四"同时代表$S_2(D_a)$和$S_2(D_b)$两种不同的结构。作为$S_2(D_a)$，这句话的意思是张三把他的书借给李四；作为$S_2(D_b)$，意思是张三从别处借了一本书给李四。

----
① 如果"要"是助动词，这个句子是可以说的，但不是S_2，而是S_4。

2.6　能在 S_2 里出现的动词不限于 D_a 和 D_b，例如：
　　你沏杯茶给客人
　　我刻了块图章给李老师
　　我炒了盘鸡子儿给他
　　我打了一件毛衣给他
这些句子里的动词表示"制作"某种东西的手段或方式，既不包含给予的意义，也不包含取得的意义，是 D_a 和 D_b 以外的另一类动词。我们把它记为 D_c。跟 D_a 和 D_b 不同，D_c 是一个开放的类。

2.7　按照上文的分析，我们一共区分出三种不同的 S_2 来，即：
　　$S_2(D_a)$：我送一件毛衣给他
　　$S_2(D_b)$：我买一件毛衣给他
　　$S_2(D_c)$：我打一件毛衣给他
上文说过，$S_2(D_b)$ 和 S_1 之间不存在变换关系，同样，$S_2(D_c)$ 和 S_1 之间也没有变换关系。因为 $*S_1(D_c)$ 不成立：
　　*我沏给他一杯茶
　　*我刻给他一块图章
　　*我炒给他一盘鸡子儿
　　*我打给他一件毛衣
上文还提到，从语义上看，$S_2(D_b)$ 里的 D_b 和"给"代表两个分离的过程。同样，$S_2(D_c)$ 里的 D_c 和"给"也代表两个分离的过程。例如"我打一件毛衣给他"，打毛衣和把毛衣给他是两件事。

　　如上所述，$S_2(D_b)$ 和 $S_2(D_c)$ 之间有不少共同点，而这两种句式又都跟 $S_2(D_a)$ 有区别，因此我们可以把 $S_2(D_b)$ 和

$S_2(D_c)$合并起来看成是跟$S_2(D_a)$相对立的句式。以下把合并以后的句式写作:$S_2(D_{b+c})$。其中的D_{b+c}表示D_b和D_c之和。

$S_2(D_a)$和$S_2(D_{b+c})$的对立反映了D_a和D_{b+c}两类动词的对立,即表示给予的动词和不表示给予的动词之间的对立。

§3 $S_3:M_s+给+M'+D+M$

3.1 在讨论S_3之前,首先要把动词"给$_d$"组成的S_3跟介词"给$_p$"组成的与S_3同形的句式区分开。从意义上看,由动词"给$_d$"组成的句子表示给予,由介词"给$_p$"组成的句子表示服务。比较:

A	B
大夫给病人打针	我给妹妹买了一辆车
你给孩子们讲个故事	你给客人沏杯茶
我给你铰头发	我给你打件毛衣

A类句子里的"给"显然是介词。B类句子里的"给"是介词还是动词不容易判定,因为在这类句子里,给予的意义老是伴随着服务的意义一起出现。其中的M'可以看成受者,也可以看成服务的对象。

3.2 我们认为B类句式是B(给$_p$)和B(给$_d$)两种同形的句式重合在一起的结果。举例来说,"我给他买一辆车"有歧义。作为B(给$_d$),这个句子表示给予(买车给他);作为B(给$_p$),这个句子表示服务(替他买车)。这两种句式的区别在于B(给$_d$)可以变换为S_2:

我给妹妹买一辆车→我买一辆车给妹妹

我给你娶个媳妇→我娶个媳妇给你
　　你给客人沏杯茶→你沏杯茶给客人
　　我给你画张画儿→我画张画儿给你
B($给_p$)和 S_2 之间没有变换关系。

　　我们说 B($给_d$)表示给予,是真正的 S_3。可是这类句式似乎也包含服务的意义。不过这并不足以证明其中的"给"是介词。因为由动词"给"组成的 S_2 也可以说包含服务的意义。这种服务的意义显然是从给予的意义派生出来的(给予本身就可以看成是一种服务),①并不是其中的"给"的介词性赋予它的。

　　3.3　能够在 S_3 里出现的动词主要是 D_b 和 D_c 两类,例如:

　　$S_3(D_b)$　　　　　　　　$S_3(D_c)$
　　我给他买一辆车　　　　　我给你沏杯茶
　　我给你娶个媳妇　　　　　我给你画张画儿
　　我给你抢了一本　　　　　我给你打件毛衣

绝大部分 D_a 类动词不在 S_3 里出现。如果我们硬把它们塞进 S_3 句式中去,那末其中的"$给_d$"就自动转化为"$给_p$",整个句子也就变成了§3.1 里的 A 类句式,例如:

---

① 给予和服务两种意念之间的联系在英语里也可以看到。例如:
　Uncle Jim cooked a meal for Margaret.
　Uncle Jim knitted some socks for Margaret.
　Uncle Jim made some cupboards for Margaret.
　Uncle Jim painted some pictures for Margaret.
严格地说,这些句子都有歧义:既可以理解为给予,也可以理解为服务(此时 for 是 instead of 的意思)。看 D. J. Allerton, Generating indirect objects in English,《Journal of Linguistics》, March 1978。

我给他卖了一辆车
我给他还了一本书
我给他送了一封信
我给他赔了五块钱

3.4 我们再来看看 S_3 对于由 D_a 和 D_b 组成的成对的反义词的反应。"卖"是 D_a，因此"我给他卖了一本"里的"给"只能是"给$_p$"。"买"是 D_b，因此"我给他买了一本"里的"给"可以是"给$_p$"，也可以是"给$_d$"。因为"借"既是 D_a，又是 D_b，所以"我给他借了好几本书"就可能有三重歧义：

(1) ("他"是图书管理员) 我替他出借了好几本书。(给$_p$，借$_a$)

(2) 我替他从别人那里借了好几本书。(给$_p$，借$_b$)：

(3) 我从别人那里借了好几本书给他。[S_3(给$_d$，借$_b$)]

3.5 从上文的分析中可以看到，无论对 S_1、S_2 还是 S_3 来说，D_a 和 D_{b+c} 两类动词都是对立的。这表现在：

(1) D_a 在 S_1 里出现，D_{b+c} 不在 S_1 里出现。

(2) D_a 和 D_{b+c} 都在 S_2 里出现，但 $S_2(D_a)$ 和 $S_2(D_{b+c})$ 对立。

(3) D_{b+c} 在 S_3 里出现，D_a 一般不在 S_3 里出现。

末了一项是有例外的，因为有一小部分 D_a 类动词能在 S_3 里出现。例如：

我给他寄了个包裹
我给学校汇了一百块钱
你给客人搛点菜
我给小李留个坐位
我给他写了封信

我给医院打了个电话
　　我给你推荐一个人
　　我给你介绍一个人

这一类句子都能变换为 S_2,是真正的 S_3。其中的"给"是动词,不是介词。

　　上面举的"寄、汇、搛、留"等动词既能在 S_1 里出现,又能在 S_3 里出现,可见兼属 D_a 和 D_{b+c} 两类。由于这些动词都不表示取得,不可能是 D_b,因此我们可以把 D_{b+c} 的范围缩小为 D_c,说这些动词兼属 D_a 和 D_c 两类,并把它记为 $D_{a/c}$。

　　D_a 类动词表示给予,D_c 类动词不表示给予。说 $D_{a/c}$ 兼属 D_a 和 D_c 两类,无异于说这一类动词既表示给予,又不表示给予,从表面上看起来,这是自相矛盾的。其实不然。为了说清楚这一点,我们必须对 $D_{a/c}$ 一类动词的意义作进一步分析。

　　3.6　可以确定为 $D_{a/c}$ 类的动词有"寄、汇、搛、舀、捎、留、带、写、打(~电话)、换、发、推荐、介绍"等。这些动词大致可以分为两类。一类不包含给予的意义,如:"写、搛、留、舀"等,以下称为"写"类。另一类包含给予的意义,如"寄、汇、发、推荐、介绍"等,以下称为"寄"类。我们先看"写"类。拿动词"写"来说,它既不表示给予,也不表示取得,按说应该是 D_c。因此只能有:

　　　我写了一副春联给他[$S_2(D_c)$]

不能有

　　　我写给他一副春联[$S_2(D_c)$]

可是当"写"跟"信"组合的时候,预先假定(presuppose)有

"受者"(收信人)一方存在。此时"写"就取得了给予的意义,从 D_c 转为 D_a。因此可以有:

我写给他好几封信[$S_1(D_a)$]

尽管如此,"写信"的"写"有的时候还是不表示给予。例如:

他临走的时候写了封信给我[$S_2(D_c)$],让我转交给你

这个"写"只是"书写"的意思,显然是 D_c。

由此可见,"写信"的"写"既是 D_a,又是 D_c。换句话说,它有时表示给予,有时不表示给予。这看起来似乎是自相矛盾的,其实这正反映了语义的不确定性(indeterminacy)。在"卖、送、赏、嫁"等典型的 D_a 类动词的词义里,语义成分"给予"是固有的(intrinsic),它永远伴随着其它语义成分一起出现。在"写"的词义里,语义成分"给予"不是固有的,它有时出现,有时不出现,即在是否包含给予的意义这一点上表现出不确定性。

"搛、舀、留"等动词本身也不包含给予的意义。可是当说到"搛菜""舀汤""留坐位"一类话的时候,就有可能取得给予的意义。情形跟"写"类似。

3.7 "寄"类动词跟"写"类不同,这些动词本身的词义里似乎就包含着给予的意义。可是如果我们把这一类动词放在某些句式里去观察,同样也能看到词义上的不确定性。为了说明这一点,我们先来分析一下跟 $D_{a/c}$ 类动词词义问题密切相关的一类语法现象,即 S_4 对于 D_a 类动词的反应。

D_a 类动词中的大部分都能在 S_4 里出现,但也有一小部分不在 S_4 里出现。值得注意的是:不在 S_4 里出现的 D_a 类动词(以下记为 D_{a1}),除了极少数例外,都能在 S_3 里出现。例如:

S_4	S_3
*寄我一个包裹	给我寄了个包裹
*搛我一块鱼	给我搛了块鱼
*留我一个坐位	给我留一个坐位
*写我一封信	给我写封信
*打我一个电话	给我打个电话
*汇我五十块钱	给我汇五十块钱
*带我一本书	给我带了本书

反之，能在 S_4 里出现的 D_a（以下记为 D_{a2}），一般都不在 S_3 里出现。例如：

S_4	$S_3$②
送我一本书	*给我送一本书
卖我一所房子①	*给我卖一所房子
还我五块钱	*给我还五块钱
递我一枝笔①	*给我递一枝笔
赔我一本新的	*给我赔一本新的
赏了他一两银子	*给他赏了一两银子
输我一盘棋①	*给我输一盘棋
教了他一点本事	*给他教了一点本事
付了他一点手续费	*给他付了一点手续费
借$_a$了他五十块钱	*给他借$_a$了五十块钱
退还我一笔款子	*给我退还一笔款子
传染我肝炎	*给我传染肝炎

---

① 赵元任先生认为"卖、递、输"带间接宾语时必须有"给"字（《汉语口语语法》161 页）。他的观察似与今天北京话实际情况不符。

② 作为 S_3，下边的句子都不能成立，但如果把其中的"给"看成介词，这些句子大部分都能说。

十分明显,D_{a1}这个类刚好跟我们在上文讨论的$D_{a/c}$重合,只有极个别的词属此不属彼。① 可见决非巧合。如果不管定义(内涵),专看成员(外延),这两个类之间的关系是:

$$D_{a1} \approx D_{a/c}$$

同样,D_{a2}和$D_{a/c}$的关系是:

$$D_{a2} \approx D_a - D_{a/c}$$

3.8 现在我们把D_a类动词在S_1、S_2和S_3三种句式里的分布综合在一起来考察,列成一个表。把D_c也列入表内,是为了跟D_a比较。表中D_c亦称"炒"类。

D_a和D_c在S_1、S_3和S_4里的分布表

			S_1	S_3	S_4
D_a	$D_a - D_{a/c}$ ($\approx D_{a2}$)	卖类	+	−	+
	$D_{a/c}$ ($\approx D_{a1}$)	寄类	+	+	−
		写类	+	+	−
D_c		炒类	−	+	−

"卖"类和"炒"类在语义上对立:"卖"类表示给予,"炒"类不表示给予。与此相应,这两类动词在S_1、S_3、S_4里的分布也是对立的。我们在§3.6里说"寄"类表示给予,"写"类不表示给予。如果真是如此,这两类动词在这三种句式里的分布也应该是对立的。具体地说,"写"类不表示给予,按说应该跟"炒"类一样,不在S_1里出现;"寄"类表示给予,应该跟"卖"类一样,在S_4里出现,不在S_3里出现。可是事实上"寄"类跟"写"类分布完全相同。这几类动词在分布上的这

---

① 例如"扔、踢"是D_{a1},但不是$D_{a/c}$,"发"是$D_{a/c}$,但不是D_{a1}。

些特点一定有语义上的根源。我们在§3.6里指出,在"卖"类动词的词义里,语义成分"给予"是固有的。拿动词"卖"来说,卖的过程就是给予的过程,二者混然一体,不可分离。与此相反,在"寄"类动词的词义里,语义成分"给予"不是固有的,它有时出现,有时不出现。当它不出现的时候,动词实际上的意义只是从整体意义里抽去给予的意义之后剩下的那一部分。例如在"张三给李四寄了个包裹"里,动词"寄"似乎只承担把包裹"寄出去"那一部分意义,至于"给予"(即包裹由张三处转移至李四处)那一部分意义则由动词"给"去承担。我们在§2.7里曾经指出,在$S_2(D_c)$里,D_c和"给"代表两个分离的过程。例如"我打了一件毛衣给他",打毛衣和把毛衣给他是两件事。现在我们知道,在S_3里,不管动词是D_c(我给他打了一件毛衣)还是$D_{a/c}$(张三给李四寄包裹),也都包括两个分离的过程。

3.9 从以上的分析看来,我们原来关于"写"类动词不表示给予、"寄"类动词表示给予的说法是站不住的。这种说法只反映了片面的事实,即只看到"写"类动词不表示给予的一面,没有看到它也有表示给予的一面;只看到"寄"类动词表示给予的一面,没有看到它还有不表示给予的一面。总之,没有看到$D_{a/c}$一类动词语义上的不确定性。

3.10 在§3.8的表里,S_1一行反映了包含给予意义的"卖、寄、写"三类和不包含给予意义的"炒"类之间的对立。S_3一行反映了不包含给予意义的"寄、写、炒"三类和包含给予意义的"卖"类之间的对立。S_4一行的正负号跟S_3相反,所以反映的同样也是"寄、写、炒"三类和"卖"类之间的对立。换言之,S_3和S_4分别从正反两方面反映了同一事实,即"卖"

类包含给予的意义,"寄、写、炒"三类不包含给予的意义。由此可见,如果我们在上文的讨论中只就 S_1、S_2、S_3 本身立论,撇开 S_4 不管,我们也照样能得出与上文相同的结论。当然引进 S_4,对于我们的论证是十分重要的,因为它从另外一个方面证实了我们分析 S_3 时所得的结论。

3.11 S_4 要求的是包含给予意义的动词,S_1 要求的也是包含给予意义的动词。但 S_4 和 S_1 对于这类动词的要求有强弱的不同。S_4 的要求强,它只接受给予的意义是词义所固有的那种动词,即"卖"类。S_1 的要求弱一些,除了"卖"类以外,它还可以容纳"寄"类和"写"类等有时包含给予意义的动词。

3.12 在§2 里,我们只讨论了 $S_2(D_a)$、$S_2(D_b)$ 和 $S_2(D_c)$,没有讨论 $S_2(D_{a/c})$。当 $D_{a/c}$ 在 S_2 里出现的时候,可以把它看成 D_a,也可以把它看成 D_c。我们在§3.6 里曾经指出,"他写了封信给我"既是 $S_2(D_a)$,又是 $S_2(D_c)$,两种情况意思不一样,那是说的"写"类动词。事实上"寄"类动词也是如此。例如"我寄了个包裹给他",如果看成 $S_2(D_a)$,这句话的意思跟"我寄给他一个包裹"一样,寄和给予不可分离,是一个单一的过程。如果看成 $S_2(D_c)$,那末,作为 D_c,"寄"只表示寄出去,不包含给予的意义(参看§3.8),"寄"和"给"代表两个分离的过程。

§4 $S_4:M_s+D+M'+M$

4.1 能够在 S_4 里出现的动词包括以下三部分:

(1)"卖"类动词,即"$D_a - D_{a/c}$"——由这类动词组成的 S_4 都是表示给予的。例见§3.7。

（2）D_b——由这类动词组成的S_4都表示取得。例如：

他一共收了我二十块钱

他偷了人家一把斧子

我买了他家一所房子

敌人抢了我们一辆卡车

（3）其它动词，例如：

我欠他五块钱

我向你一句话

我们叫他老李

我该他五块钱

我回答你一个问题

人家骂他坏蛋

这一类很复杂，上边举的例子不能包括所有的情况。

因为(2)和(3)都不表示给予，跟S_1、S_2和S_3没有多大关系，本文不加论列。以下只讨论(1)。为此我们把S_4重新定义为：由"卖"类动词组成的双宾语句式，即专指(1)。

4.2　所有的S_4都能变换为S_1，例如：

我卖你一本→我卖给你一本

我送你一盆花儿→我送给你一盆花儿

你递我一枝笔→你递给我一枝笔

他还了我五块钱→他还给我五块钱

他借$_a$我一本书→他借$_a$给我一本书

这个变换式是不可逆的，因为有少数"卖"类动词如"扔、踢"等不在S_4里出现。

4.3　我们在§1.1里用S_1来规定D_a类动词。按照这个定义，动词"给"本身被排斥在D_a类之外，这当然是不合理的。为了解决这一层困难,我们可以把 S_4 和 S_1 统一起来看成是同一种句式。具体地说,就是把不带"给"的 S_4 看成是带"给"的 S_1 的紧缩形式。"给"字出现不出现,完全取决于 D 的类别。如果 D 是"卖"类动词,"给"字可出现可不出现(optional),如果 D 是"寄"类或"写"类动词,则"给"字必须出现(obligatory)。采取这种观点,我们就把"给 + M′ + M"看成是跟"卖 + 给 + M′ + M""送 + 给 + M′ + M"等相平行的"给 + 给 + M′ + M"。这样动词"给"就符合我们给 D_a 类动词所下的定义了。① 当然,"给 + 给 + M′ + M"实际上不存在,②这是因为两个接连出现的"给"字融合成为一个,跟"了 + 了→了""的 + 的→的"是同类的现象。③

动词"给"可以在 S_2 里出现,例如:

你给钱给他

因为 S_2 和 S_1 之间有变换关系,所以从理论上说,"你给钱给他"可以变换为"你给给他钱"。这跟上文把"给 + M′ + M"解释为"给 + 给 + M′ + M"是平行的。

(《方言》1979 年第 2 期)

---

① "$给_d$"不能在 S_3 里出现("我$给_p$ 你$给_d$ 钱"不是 S_3),应属于 D_a 里的"卖"类。

② 有的方言里има有"你给给他钱"的说法,如山西文水话。

③ 赵元任《汉语口语语法》,126—127,154 页。

汉语句法中的歧义现象*

一种语言语法系统里的错综复杂和精细微妙之处往往在歧义现象里得到反映。因此分析歧义现象会给我们许多有益的启示,使我们对于语法现象的观察和分析更加深入。

讨论句法歧义,必然要碰到句子的同一性(identification)问题。如果我们要使下文的讨论尽可能地严密,那就得把通常不加分析的含胡的"句子"的概念区分为不同层次上的"型"(type)和"例"(token),这样一来,行文上必然会显得艰涩和罗唆。在衡量了利弊之后,我们决定略微牺牲一点"严密性"来换取较多的"可读性"(readability)。

本文共分三节。§1"多义句和多义句式"讨论句法歧义的性质。§2"多义句式的分化"讨论如何把一个多义句式分化为几个单义句式;从另外一个角度看,也可以说是讨论产生句法歧义的原因。§3"不能分化的多义句式举例"分析两个实际的例子说明某些多义句式目前还找不到分化的办法。

§1 多义句与多义句式

1.1 所谓语法歧义(grammatical ambiguity)指的是句子的多义现象。一个词不止一个意思叫多义词(polysemy),那

---

* 此文曾在1979年召开的第十二届国际汉藏语言学会议上宣读。

末一个句子不止一个意思也可以叫作"多义句"(polysemous sentence)。多义句有两种。一种是句子里有某个(些)词是多义词,因此句子相应地就成了多义句。例如:

(1) 他一天不吃饭也不行。

"饭"或指米饭,或指每天定时吃的饭食。与此相应,这个句子也有两种意思。一种意思是说他一天也不能饿着,另一种意思是说他天天都得吃米饭。这种多义句不牵涉句子的结构,是词汇范围里的事,与语法无关,不在本文讨论之列。另一种是语法上的多义句。例如:

(2) 反对的是少数人

离开了一定的上下文,这句话的意思是不确定的,因为其中的"反对的"可以指"反对者"(施事),也可以指"被反对者"(受事)。这个句子不止一种意思,跟"反对"这个具体的词的意义无关,因为我们把"反对"换成别的动词,句子还是可能有两种意思。例如:

(3) 看的是病人

(4) 关心的是她母亲

(5) 扮演的是一个有名的演员

(6) 援助的是中国

(7) 相信的是傻瓜

这里的"看的""关心的"等等都可以理解为施事,也都可以理解为受事。① 事实上,只要动词是"双向"的(D^2),②句子都可

---

① 把这些"的"字结构理解为施事或受事的几率是"因句而异"的。譬如说把(5)里的"扮演的"理解为施事的几率可能有 80%,把(7)里的"相信的"理解为受事的几率恐怕不会到 50%。

② 看本书 126—129 页。

能有两种意思。由此可见,这些句子的"多义性"是代表这些句子的抽象的"句式"所固有的,并不是组成这些句子的那些具体的词的词义引起的。换句话说,这些多义句的存在,反映出句式:

$$D^2 + 的 + 是 + M$$

是多义的。

当然,按照"$D^2 + 的 + 是 + M$"这种句式造出来的句子不一定都有歧义。例如:

(8) 发明的是一个青年工人
(9) 关心的是分数
(10) 反对的是战争

前一句的"发明的"只能理解成施事,后两句的"关心的"和"反对的"只能理解成受事。这是因为组成这些句子的词意义上互相制约,消除了句式本身具有的产生歧义的可能性。

上文把语法里的多义句比拟为词汇里的多义词。其实二者是很不相同的东西。多义词是个别的现象,它们是各自为政的,彼此之间没有必然的联系。例如"锯"有两个意思,一指工具,一指动作。我们无法根据这一点推断"铲""锄""刀""尺"等表示工具的词是否也跟"锯"一样可以表示动作。语法上的多义句则是"多义句式"的体现(realization),这种句子不仅反映了它们所代表的句式的结构,同时也反映了这种句式的多义性。上文(2)—(10)都是多义句式"$D^2 + 的 + 是 + M$"的体现。其中(2)—(7)都有歧义,反映了这个句式的多义性。(8)—(10)没有歧义,但(8)"发明的"指施事,(9)"关心的"和(10)"反对的"指受事,合在一起仍然反映了这种句式的多义性。

1.2 再举一个例子。本文作者有一次跟一个两岁半的小女孩彤彤一起看书。下面是我们之间的两句对话：

(11) 朱:这是小白兔的书吧？

彤彤:不是小白兔的书,是彤彤的书。

"小白兔的书"可以理解为"关于小白兔的书",也可以理解为"属于小白兔的书"。从表面上看,很象是"白兔"和"书"两个词搭配在一起碰巧产生了歧义。其实不然。"小白兔的书"有两种意思反映了句式：

$M_1 + 的 + M_2$

的多义性。因为不仅"小白兔的书"有歧义,下边这些话也都有歧义：

(12) 小熊猫的杯子(有小熊猫图案的杯子/属于小熊猫的杯子)

(13) 稻草人的画儿(画的是稻草人/属于稻草人的画儿)

(14) 鲁迅的书(鲁迅写的书/属于鲁迅的书)

(15) 大地主的父亲(父亲是大地主/大地主之父)

(16) 诗人的风度(诗人那样的风度/诗人所具有的风度)

下边的话没有歧义,是因为词义相互制约,排除了产生歧义的可能：

(17) 木头的房子

(18) 书的封面

(19) 小李的哥哥

(20) 人类的历史①

----

① 不过通常认为没有歧义的句子在某种特殊的语言环境里仍然有产生歧义的可能:例如"木头的房子"在童话里就有可能指"木头所领有的房子"。

1.3 上文曾指出由词汇的原因造成的多义句跟语法上的多义句的区别。不过有的时候同一个句子既可以看成词汇上多义,也可以看成语法上多义。例如下边这个双宾语句:

(21) 张三借李四一本书

这句话的意义是不确定的,可以理解为张三借给李四一本书,也可以理解为李四借给张三一本书。《现代汉语词典》"借"字下有"借进""借出"二义。从这个角度看,(21)是词汇上多义。

表示借出的"借"跟"卖、送、交、嫁、输、付"等词一样,都含给予的意义,以下记为 D_a。表示借进的"借"跟"买、收、偷、娶、赢、抢"等词相同,都包含取得的意义,以下记为 D_b。D_a 和 D_b 在以下三种由动词"给"组成的句子里表现出明显的对立:

$S_1: M_s + D + 给 + M' + M$

$S_2: M_s + D + M + 给 + M'$

$S_3: M_s + 给 + M' + D + M$

D_a 在 S_1 里出现(卖给他一本书),D_b 不在 S_1 里出现(＊买给他一本书)。D_b 在 S_3 里出现(给他买一本书),D_a 不在 S_3 里出现。("给他卖一本书"是可以说的,但是其中的"给"是介词,不是动词。)D_a 和 D_b 都能在 S_2 里出现(卖一本书给他,买一本书给他),但是 $S_2(D_a)$ 和 $S_2(D_b)$ 仍然对立:在"卖一本书给他"里,卖书的过程就是把书给"他"的过程,在"买一本书给他"里,买书和把书给"他"是彼此分离的两件事。由此可见,"借"的两种不同的意义反映了 D_a 和 D_b 两类不同的动词之间的对立。事实上,D_a 和 D_b 不仅在 S_1、S_2、S_3 里对立,在双宾语句式(S_4)里也是对立的,$S_4(D_a)$ 表示给予(卖我一本),$S_4(D_b)$ 表示取得(买我一本);$S_4(D_a)$ 可以变换为 $S_1(D_a)$(卖我一本→卖给我一本),$S_4(D_b)$ 不能变换为 $S_1(D_a)$。(21)所以有歧义正是 $S_4(D_a)$ 和 $S_4(D_b)$ 重合在一起造成的。从这个角度看,(21)是语法上多义。

1.4 J. Lyons《Semantics》(第二卷397页)举了一个英语里的歧义句:

(22) They passed the port at midnight.

书中指出,由于 port 可以有码头和葡萄酒两种意思,所以这个句子既可以是"他们半夜里通过码头"的意思,也可以是"他们半夜里传葡萄酒"的意思。其实这个句子所以会有歧义,关键不在名词 port 上,而在动词 pass 上。因为我们即使把多义词 port 换成一个单义词,譬如说:notice(布告),句子仍旧有歧义。

(23) They passed the notice at midnight.

总之,(22)和(23)出现歧义是因为动词 pass 多义,它既有"通过、经过"的意思,又有"传递、传送"的意思。从这个角度看,(22)和(23)都是由词汇原因造成的多义句。不过 pass 的两种不同的意义显然跟后头宾语的语法性质有关。如果后头跟的是处所宾语(locative object),pass 必定是"通过"的意思,如果后头是受事宾语(effected object),pass 就只能是"传递"的意思。从这个角度看,(22)和(23)都是语法上的多义句。

§2 多义句式的分化

2.0 同一个词有几种不同的意思叫多义词,同一个语音形式代表几个不同的词叫同音词。通常说一个句子有歧义的时候,已经肯定它是同一个句子。按照这种理解,多义句相当于多义词,不相当于同音词。

多义词和同音词之间没有明确的界限。从理论上说,我们可以有两种相反的处理方法。一种方法立足于分化,即尽可能把两可的情况解释为同音词。这就是说,只要意义上有足够的差别,就把它们看成是不同的词。另一种方法立足于归并,即尽可能把两可的情况解释为多义词。也就是说,只要意义上有足够的连系,就把它们看成是同一个词。采用前一种方法,词典里的词条增加了,可是词条下边的义项相对地减少了。采取后一种办法,词条的数目减少了,可是每个词条下边的义项相对地增加了。从词汇学的角度看,这两种办法精神不同,但都是可行的。从语法研究的角度看,就不是这样。我们总是尽可能采取分化的办法,即尽可能把多义句式分化为几个同形异构的单义句式。这是因为语法研究的根本目的在于找出语法结构和语义之间的对应关系。要是我们能够把多义句式分化为单义句式,那就说明我们在语法结构上找到了产生歧义的原因所在。

就我们所知,目前能够用来分化多义句式的依据不外以下四端:

1. 组成成分的词类(form classes of the constituents)
2. 层次构造(immediate constituents)
3. 显性语法关系(overt grammatical relations)
4. 隐性语法关系(covert grammatical relations)

以下分别讨论这四个方面。

2.11 句式本身就是通过词类来表示的,因此不同的词类序列本来就是不同的句式,不存在分化的问题。我们把词类作为分化多义句式的一种依据,指的是通常说的名词、动词、形容词等下边的小类(subcategories)。有些多义句式用大类来表示时是同形的,换用小类来表示就变成不同形的了。下边举一个具体的例子来说。

2.12 "在黑板上写字"和"在家里吃饭"的构造都是:

$$在 + M_p + D + M①$$

但是这两个句子是有区别的。前者可以变换为:

$$把 + M + D + 在 + M_p$$

后者不能这样变换。比较:

(1) 在黑板上写字→把字写在黑板上
(2) 在池子里养鱼→把鱼养在池子里
(3) 在墙上贴标语→把标语贴在墙上
(4) 在瓶子里灌水→把水灌在瓶子里
(5) 在果树上打农药→把农药打在果树上
(6) 在家里吃饭(*把饭吃在家里)
(7) 在飞机上看书(*把书看在飞机上)
(8) 在屋里开会(*把会开在屋里)
(9) 在北京上大学(*把大学上在北京)
(10) 在鲁班门前耍斧子(*把斧子耍在鲁班门前)

我们把(1)—(5)一类句子称为 S_1,把(6)—(10)一类句子称为 S_2。这两类句子的语法意义显然不同。在 S_1 里,"在 + M_p"表示的是人或事物(M)所在的位置。例如"在黑板上写字","黑板上"指字所在的位置。在 S_2 里,"在 + M_p"表示的是事件(D + M)发生的处所。例如"在飞机上看书","飞机

---

① M_p 代表表示处所的体词性成分。

上"不是指书的位置,而是指"看书"这件事发生的处所。当然,当我们说"他在飞机上看书"时,"书"确实在飞机上,但对于 S_2 来说,并不是必然如此,例如:

(11) 他在飞机上看海

"海"就不在飞机上。

"在火车上写标语"有歧义。这个句子可以理解为"把标语写在火车(车厢)上",也可以理解为"坐在火车上写标语"。在前一种意义上,句子可以变换为"把标语写在火车上",是 S_1;在后一种意义上,不能这样变换,是 S_2。可见这个句子所以有歧义,是 S_1 和 S_2 两种句式重合在一起的结果。

我们把能够在"在 + M_p + ( ) + M"里出现的动词记为 D_a。D_a 里有一部分适应变换式:

$$在 + M_p + (\ ) + M \rightarrow M + (\ ) + 在 + M_p$$

我们把这类动词记为 D_b,并把 D_a 里除去 D_b 之后剩下的那一部分称为 D_{a1},即:

$$D_a - D_b = D_{a1}$$

因为 D_b 本来就是 D_a 的一部分,所以我们又可以把它称为 D_{a2},即:

$$D_b = D_{a2}$$
$$D_{a1} + D_{a2} = D_a$$

在动词没有划分成小类以前，S_1 和 S_2 是同形的句式。动词划分成小类以后，S_1 和 S_2 就分化开了。S_1 是由 D_b 类动词组成的，应写作：

$$在 + M_p + D_b + M$$

S_2 是由 D_{a1} 类动词组成的，应写作：

$$在 + M_p + D_{a1} + M$$

因为

$$D_b = D_{a2}$$

所以 S_1 又可以写作：

$$在 + M_p + D_{a2} + M$$

S_1 的两种写法并不是多余的，它说明 S_1 既可以看成是由 D_b 类动词组成的，也可以看成是由 D_a 类动词（D_{a2}）组成的，因此它是一种多义句式。这种多义性不仅反映在上文举的"在火车上写标语"一类句子上，也反映在"在黑板上写字"一类句子上。在正常的语言环境里，"在黑板上写字"只能理解为 S_1，但是在某种特殊的——通常虽然不会有，但却是可以设想的——语言环境里，也可以理解为 S_2，即表示：坐在黑板上往纸上写字。

S_1 是多义句式，S_2 是单义句式。S_2 就是 S_2，不是 S_1；S_1 既是 S_1，又是 S_2。①

2.13 我们现在来讨论由兼类词组成的多义句式的分化

---

① 这是就抽象的句式说的。就具体的句子来说，有的只能理解为 S_1，不能理解为 S_2，例如："在脸上搽粉""在鼻子里点药"。

问题。举例来说,"调查""研究""分析""希望"等双音节词兼有动词和名词双重功能。因此下边的句子有歧义:

(12) 没有调查就没有发言权

(13) 研究方法很重要

(12)的"没有调查"可以是"无调查"的意思,也可以是"未调查"的意思。(13)的"研究方法"可以理解为"研究的方法",也可以理解为"对方法进行研究"。如果我们把"调查""研究"看成兼属动词和名词两类,那末(12)(13)一类句子在一种意义上是由动词组成的,在另外一种意义上是由名词组成的,一开始就是两种不同的句式,不存在分化的问题。如果我们把这些词看成是动词和名词以外的另一类词,不认为它们是兼类词,那末我们就不能再根据这些词本身的类来分化(12)(13)等多义句式,而要采取别的办法,譬如说根据语法关系来分化,即认为(12)的"没有调查"在一种意义上是述语和宾语的关系,在另一种意义上是状语和中心语的关系,(13)的"研究方法"在一种意义上是述语和宾语的关系,在另一种意义上是定语和中心语的关系。很明显,以上说的两种处理方法只是形式上不同,实际上是等价的。

2.2 根据层次构造分化多义句式是常见的语法分析方法。下边这些句子都有两种意思:

(14) 发现了敌人的哨兵

(15) 咬死了猎人的狗

(16) 关心自己的孩子

(17) 保护封建社会的土地制度

拿(14)来说,可以理解为有人发现了敌人的哨兵,也可以理解为哨兵发现了敌人。这两种不同的意思反映了两种不同的层次构造：

$$D + (M_1 + 的 + M_2)$$
$$(D + M_1 + 的) + M_2$$

2.31 所谓显性语法关系指的就是通常所说的主谓、述宾、偏正等结构关系。加上"显性"两个字是为了跟下文"隐性语法关系"相区别。

根据显性语法关系来分化多义句式也是常见的语法分析方法。例如：

(18) 出租汽车

(19) 烤白薯

(20) 研究方法

"出租汽车"可以指一种汽车(出租的汽车)，也可以指一种行为(把汽车租给别人)。通常认为在前一种意义上是偏正结构，在后一种意义上是述宾结构。

因为所有相对应的直接成分之间都存在着一定的语法关系，所以根据层次构造分析多义句式的时候，总是和对语法关系的分析交织在一起。例如(14)"发现了/敌人的哨兵"和"发现了敌人的/哨兵"两种不同的层次分析，分别代表述宾和偏正两种语法关系。

2.32 下边再讨论一种比较复杂一点的情况：

(21) 是瓦特发明的蒸汽机

(22) 是我出的作文题

(23) 是小王打来的电话

(24) 是李老师考的他

(25) 是昨天发的信

(26) 是用凉水洗的脸

这类句子是有歧义的。拿(21)来说,可以理解为是对问题"这是什么?"的回答;也可以理解为是对问题"谁发明了蒸汽机?"的回答。我们曾在另一篇文章里指出①,在前一种意义上,这类句子应分析为:

是 + (DJ 的 + M)

即由动词"是"带宾语组成的述宾结构。在后一种意义上应分析为:

(是 + DJ 的) + M

即主语(M)后置的判断句。分化以后的两种句式,层次构造不同,直接成分之间的语法关系也不同,可见这种分析跟上文对(14)"发现了敌人的哨兵"一类句式所作的分析情形类似,并没有什么特殊的地方。但由于过去一直没有发现汉语里有主语后置的判断句存在,所以这种分析曾引起某些同志的怀疑。如果我们对"的"字结构组成的判断句进行全面的观察,就会发现这种分析是合理的。因为跟上边举的一类判断句相对应,正好有另外一类判断句:

(27) 是小王第一个去买票的

(28) 是他把手风琴弄坏的

(29) 是王大夫把他治好的

(30) 是小王把票给我的

我们认为这类句子的层次构造是:

(是 + M) + DJ 的

---

① 看本书 143—146 页。

这是另一种主语后置的判断句。把"是瓦特发明的蒸汽机"的后置主语"蒸汽机"移到句首,恢复它原来应该占据的位置,句子就转换为"蒸汽机是瓦特发明的"。同样,"是小王第一个去买票的"里的后置主语"第一个去买票的"也能移至句首,恢复原来的位置,转换为"第一个去买票的是小王"。把这两类句子联系起来看,就会发现它们的构造是平行的,都应分析为主语后置的主谓句。①

2.41 隐性语法关系是隐藏在显性语法关系后边的潜在的语法关系。例如"出租汽车",作为名词性结构,"出租"和"汽车"之间是修饰和被修饰的关系。可是在这种关系背后还存在另外一种关系,即动作和受事的关系。作为动词性结构,"出租"和"汽车"之间是述语和宾语的关系,同时二者之间仍然存在着动作和受事的关系。值得注意的是,即使在这种情况之下,我们还是要把显性语法关系和隐性语法关系区别开,因为"述语—宾语"和"动作—受事"并不是同一种关系(述语不一定都表示动作,宾语也不都表示受事)。

一般的语法分析方法只管直接成分之间的关系,不管间接成分(non-immediate constituents)之间的关系。例如:

---

① 以上讨论的这两种主语后置的主谓句,跟英语里用 it is 起头的所谓分裂句(cleft sentences)相当,例如:

It is the wife that decides.

It was the colonel I was looking for.

关于英语的分裂句,可参看 O. Jespersen《Analytic Syntax》25.4,又 R. Quirk《A Grammar of Contemporary English》14.18。

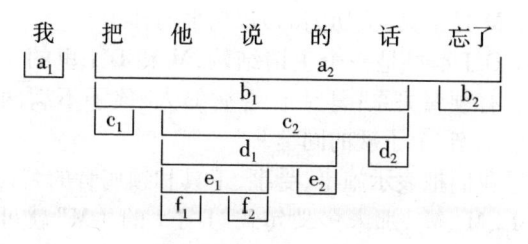

```
我   把   他   说   的   话   忘了
a₁            a₂
         b₁              b₂
    c₁        c₂
            d₁      d₂
              e₁   e₂
              f₁  f₂
```

在上边的图式里,用相同的字母标记的线段表示相对应的直接成分。用不同的字母标记的线段彼此之间都是间接成分的关系。

间接成分之间的关系有亲有疏。我们关心的是那些关系密切的间接成分之间的连系。例如上边图式里 f_2(说)和 d_2(话)之间的动作和受事的关系以及 b_2(忘了)和 d_2 之间的动作和受事的关系。至于象 a_1(我)和 f_2(说),f_1(他)和 b_2(忘了)之间的关系则十分疏远,在语法分析中可以略去不计,而且这种关系往往也是难以描述的。

间接成分之间的语法关系都是隐性语法关系。

2.42 有的多义句式只能根据隐性语法关系来分化。上文提到的"反对的是他"一类句式就是如此。"反对的是他"有歧义是因为"反对的"本身就有歧义:它既可以指反对者,也可以指所反对的人或事物。而"反对的"有歧义,则要从"D^2J + 的 + M"这个句法结构说起。从显性语法关系看,"D^2J + 的"和 M 之间是修饰关系。但是我们还必须看到 D^2J 和 M 之间的隐性语法关系。这种关系至少有以下四种不同的类型:

(a) M 是施事:反对这种意见的人/教化学的老师

(b) M 是受事:新出版的书/吃的东西

(c) M 是工具:我切肉的刀/喝水的杯子

(d) D^2J 本身是一个主谓结构,M 和 D^2J 里的主语之间有领属关系:耳朵有毛病的人/孩子不满两周岁的母亲/个子矮的同学①

如果我们把表示施事、受事、工具和领属者的名词分别记为 M_a、M_p、M_i、M_g,那末多义句式"D^2J + 的 + M"就可以分化为以下四种不同的单义句式:

D^2J + 的 + (M_a)
D^2J + 的 + (M_p)
D^2J + 的 + (M_i)
D^2J + 的 + (M_g)

我们把最后一项放在括号里,表示这一项是可以出现也可以不出现的(optional)。当 M 不出现的时候,可以把它写成:

D^2J + 的 + $\emptyset_a$
D^2J + 的 + $\emptyset_p$
D^2J + 的 + $\emptyset_i$
D^2J + 的 + $\emptyset_g$

例如"反对的"可以指反对者,也可以指被反对的人或事物。这两种意义分别代表以下两种不同的句式:

D^2J + 的 + $\emptyset_a$
D^2J + 的 + $\emptyset_p$

"切肉的"可以指人,也可以指刀。这两种意义分别代表以下

---

① 我们在《"的"字结构和判断句》(本书125—150页)里把(a)(b)(c)三种类型的 M 分别称为潜主语、潜宾语和潜间接主语。此外,那篇文章里没有提到(d)类。

两种不同的句式:

$D^2J + 的 + \emptyset_a$

$D^2J + 的 + \emptyset_i$

"小孩喝牛奶的"可以指杯子,也可以指人(家长)。这两种意义分别代表以下两种不同的句式:

$D^2J + 的 + \emptyset_i$

$D^2J + 的 + \emptyset_g$①

2.43　§1.2里指出,"小白兔的书"可以理解为"关于小白兔的书",也可以理解为"属于小白兔的书"。这类句式的多义性是由M_1和M_2之间的隐性语法关系不同引起的:M_1和M_2之间有时是领属关系,有时是领属关系以外的其它关系。

§3　不能分化的多义句式举例

3.0　并不是所有的多义句式都能按照§2里提到的那些办法分化成单义句式。下边举两个不能分化的实例。这两个例子的性质很不相同,但是它们引起的问题却同样值得我们注意。

3.1　我们在§1.3里曾经提到表示给予的D_a和表示取

---

①　英语里以动名词(verbal noun)为核心的名词性向心结构跟汉语"D+的+M"的情形有类似之处:

(1) the smile of Mona Lisa

(2) the death of Caesar

(3) the love of God

(4) the shooting of the hunter

名词跟前边的动名词之间存在着隐性语法关系。如果跟动名词相应的原动词是单向的,那末名词只能是施事,如(1)和(2)。如果是双向的,那末名词可能是施事,也可能是受事,所以(3)和(4)有歧义。

得的 D_b 两类动词在以下四种句式里的分布：

$S_1: M_s + D + 给 + M' + M$
$S_2: M_s + D + M + 给 + M'$
$S_3: M_s + 给 + M' + D + M$
$S_4: M_s + D + M' + M$

我们根据 S_1 来规定 D_a。很明显，所有的 D_a 也都能在 S_2 里出现，但能在 S_2 里出现的动词除去 D_a 以外，还有两类。一类是§1.3 里提到过的表示取得的 D_b，另一类既不表示给予，也不表示取得，例如："沏、炒、刻（图章）、打（毛衣）"。这类动词大都表示"制作"某种东西的手段或方式，我们把它记为 D_c。

我们在§1.3 里指出，D_a 和 D_b 在 S_1、S_2、S_3 里都是对立的。事实上，D_a 和 D_c 之间也存在同样的对立关系。这就是：

(1) D_a 在 S_1 里出现，D_c 不在 S_1 里出现。

(2) D_a 和 D_c 都在 S_2 里出现，但 $S_2(D_a)$ 和 $S_2(D_c)$ 之间对立。

(3) D_c 在 S_3 里出现，D_a 一般不在 S_3 里出现。

不过也有少数 D_a 类动词能在 S_3 里出现。例如：

我给他写了封信
你给客人搛点菜
我给小李留了个坐位
我给他寄了一个包裹
我给他汇了五十块钱

"写、搛、留、寄、汇"等动词既能在 S_1 里出现，又能在 S_3 里出现，可见兼属 D_a 和 D_c 两类。可是上文已经指出，D_a 类动词表示给予，D_c 类动词不表示给予，说"写、搛"等动词兼属 D_a

和 D_c 两类,等于说这一类动词既表示给予,又不表示给予,这看起来是自相矛盾。其实不然,我们认为这种现象反映了"写、搛"等动词语义的不确定性。在"卖、送、赏"等典型的 D_a 类动词的词义里,语义成分"给予"是固有的,它永远伴随着其它语义成分一起出现。在"写、搛、留、寄、汇"一类动词的词义里,语义成分"给予"不是固有的,它有时出现,有时不出现,即在是否包含给予的意义这一点上表现出不确定性。拿动词"写"来说,它既不表示给予,也不表示取得,按说应该是 D_c,因此只能有:

写了一副春联给他〔$S_2(D_c)$〕

不能有:

写给他一副春联〔$S_2(D_a)$〕

可是当"写"跟"信"组合的时候,预先假定(presuppose)有收信人一方存在。此时"写"就取得了给予的意义,从 D_c 转为 D_a。因此可以有:

他一连写给我好几封信〔$S_1(D_a)$〕

尽管如此,"写信"的"写"有时候还是不表示给予。例如:

他临走的时候写了一封信给我〔$S_2(D_c)$〕,让我转交给你

这里的"写"只是"书写"的意思,显然是 D_c。由此可见,"写信"的"写"既是 D_a,又是 D_c。换句话说,它有时表示给予,有时不表示给予。因此"他写了一封信给我"有歧义,它有时是 $S_2(D_a)$,有时是 $S_2(D_c)$。同样,"他给我写了一封信"也有歧义,它有时是 $S_3(D_a)$,有时是 $S_3(D_c)$。

目前似乎还看不出有什么办法可以分化这一类多义句式。如果兼属 D_a 和 D_c 的动词只有一个"写"字,那末我们还

可以勉强把它分化成两个同音词"写$_1$"和"写$_2$",说"写$_1$"不包含给予的意义,"写$_2$"包含给予的意义。现在 D$_{a/c}$ 是一个类,这种解释就不大能考虑了。退一步说,即使我们有理由采取这种解释方法,分化出来的包含给予意义的"写$_2$"跟典型的 D$_a$ 类动词"卖、送"等还是不相同。"卖、送"等动词可以在 S$_1$ 里出现,也可以在 S$_4$ 里出现,"写$_2$"只能在 S$_1$ 里出现,不能在 S$_4$ 里出现。可见这种分化并没有多大意义。

3.2 "差一点 + DJ"一类句式形式和意义之间的对应关系可以从下边的例句里反映出来:①

差一点及格了(没及格)≠差一点没及格(及格了)
差一点买着了(没买着)≠差一点没买着(买着了)
差一点赶上了(没赶上)≠差一点没赶上(赶上了)
差一点修好了(没修好)≠差一点没修好(修好了)
差一点死了(没　死)＝差一点没死了(没　死)
差一点输了(没　输)＝差一点没输了(没　输)
差一点打碎了(没打碎)＝差一点没打碎(没打碎)
差一点摔一交(没　摔)＝差一点没摔一交(没摔)

这种对应关系可以总结为下边两条规律:

(1) 凡是说话的人企望发生的事情:肯定形式表示否定意义,否定形式表示肯定意义。

(2) 凡是说话的人不企望发生的事情:不管是肯定形式还是否定形式,意思都是否定的。

企望不企望往往因人而异。甲乙两方赛足球,球踢进甲方球门这件事是乙方企望实现的,甲方可不希望它实现。因

---

① 关于"差一点 + DJ"一类句式的分析参看《说"差一点"》,《中国语文》1959 年第 9 期。

此甲方说"差一点踢进去了"或"差一点没踢进去",两句话意思一样,都是说没有踢进去。同样两句话由乙方来说,意思就不一样:"差一点踢进去了",是说没有踢进去,"差一点没踢进去",倒是说踢进去了。

这里有两点值得注意:一是(1)和(2)两条规律不对称;二是决定此类句子意义的重要因素——说话的人企望或不企望某事发生——是语言以外的(extralinguistic)东西。为了进一步考察这类句子,我们把上边说到的情况概括为下表:

	肯定形式	否定形式
企望	A 差一点买着了 = 没买着	B 差一点没买着 = 买着了
不企望	C 差一点打碎了 = 没打碎	D 差一点没打碎 = 没打碎

如果撇开 D 不管,专论 A、B、C,我们可以说"差一点"的语法功能相当于一个否定词:

　　差一点 + DJ = 没 + DJ（A, C）

　　差一点 + 没 + DJ = DJ（B）

只有 D 是例外。此外,A、B、C 三类格式的 DJ 前面都能加上副词"就",同样,也只有 D 是例外:

　　差一点就买着了（A）

　　差一点就没买着（B）

差一点就打破了(C)

*差一点就没打破(D)①

由此可见,A、B、C 跟 D 是对立的,如果没有 D 式,A、B、C 本来是一个内部一致的系统。这暗示我们,D 很可能是一种后起的偏离现象(deviation)。为了表示不企望的事没有发生,本来用 C 式就可以了。但说话的人为了强调事情没有发生这一点,又在 DJ 前边加上一个否定词"没"。这个"没"实际上是一个羡余的(redundant)成分。我们把 D 看成后起的格式,还有一个证据。我们知道,动词前边的"没"和后边的"了"不能共存(co-occur),D 式"差一点没死了"不符合这条规律,这也说明这种句式是在 C 式"差一点+DJ"上头硬加一个"没"字形成的。

在没有 D 式的时候,否定形式 B 的意义是确定的,即表示企望的事情已发生。肯定形式的意义是不确定的,因为从形式上看不出提到的事情是说话的人企望发生的(A)还是不企望发生的(C)。从这一点说,肯定形式是多义句式。

有了 D 式以后,除了肯定形式仍旧有歧义之外,否定形式也出现了歧义,既可以指企望的事已发生(B),也可以指不企望的事未发生(D)。此外,还出现了 C、D 两个同义异形(polymorphous)的句式。

我们从一开始就把这类句式里 DJ 听指的事件划分为说话的人企望实现的和不企望实现的两类。这是把问题简单化了。其实有些事情是中性的,就是说,在说话的人看来无所谓

---

① D 和 B 同形,这个句子如果理解为 B,是可以说的。

企望不企望。例如：
　　昨儿晚上我差一点找你去（没去）
　　上个月我差一点去上海（没去）
　　她差一点留起辫子来了（没留）
　　我差一点买了一条跟你一样的裙子（没买）
　　毕业以后，我差一点当了数学老师（没当）
上边举的是肯定形式，以下是否定形式：
　　昨儿晚上我差一点没找你去（没去）
　　上个月我差一点没去上海（没去）
　　她差一点没留起辫子来（没留）
　　我差一点没买一条跟你一样的裙子（没买）
　　毕业以后，我差一点没当数学老师（没当）
我们把这类句子的肯定形式称为 F，否定形式称为 F。E 和 A、C 一样，都是肯定形式表示否定意义。这是因为 E 是中性的，既可以把它看成 A（肯定形式表示否定意义），也可以把它看成 C（也是肯定形式表示否定意义）。不过这只是就肯定形式表示否定意义这一点说的。就句式的整个语法意义来说，A、C、E 三类的区别不容抹煞。因此"差一点 + DJ"是多义句式，可以有三重歧义。例如：
　　我差一点跟他结婚了
可以理解为说话的人想跟"他"结婚（A），也可以理解为说话的人不想跟"他"结婚（C）。还有一种可能是说话的人觉得跟不跟"他"结婚都无所谓（E）。无论是哪一种情形，事实上都没有结婚。

　　同样，F 既可以把它看成 B（否定形式表示肯定意义），也可以把它看成 D（否定形式表示否定意义）。不过这也只是就形式和意义之间肯定否定的对应关系说的。就句式的整个语法意义来说，B、D、F 跟 A、C、E 一样，也是有区别的。因此"差一点 + 没 + DJ"也可以有三重歧义。例如：

  我差一点没跟他结婚

理解为 B，是说想跟"他"结婚，事实上也跟"他"结婚了；理解为 D，是说不想跟"他"结婚，也没有跟"他"结婚；理解为 F，是说跟不跟"他"结婚无所谓，不过事实上没有跟"他"结婚。

  很明显，A、C、E 也好，B、D、F 也好，从这些句式的结构本身是无法把它们分化为单义句式的。

（《中国语文》1980 年第 2 期）

附　录

关于动词形容词"名物化"的问题

§1　前　言

1.1　动词形容词作主语或宾语的时候跟作别种成分的时候性质不一样,这是自从《马氏文通》《新著国语文法》以来许多语法书的共同主张。有人说主语宾语位置上的动词形容词是"当名词用的",①有人说这种位置上的动词形容词已"转成"名词,②有人说这是动词形容词的"名物化",③或"名词化",④有人说,单个的动词形容词作主语宾语,"干脆说,就是名词"。⑤　具体的说法不尽相同,但基本论点是一致的,即认为主语宾语位置上的动词和形容词具有名的性质。因为近年来"名物化"的说法影响比较大,以下就用"名物化"来概括

---

①　黎锦熙:《新著国语文法》76 页。
②　黎锦熙、刘世儒:《语法再研讨——词类区分和名词问题》(《中国语文》1960 年 12 月号)。
③　《暂拟汉语教学语法系统简述》。
④　史振晔《试论汉语动词、形容词的名词化》(《中国语文》1960 年 12 月号)。
⑤　同②。

这些大同小异的说法。①

1.2　归纳起来,主张名物化的理由不外以下几点:

第一,从意义上看,主语宾语位置上的动词和形容词已经由"行为范畴"或"性状范畴"转入"事物范畴"。②

第二,用作主语宾语的动词形容词具有一系列的"名词的语法特点":

1. 可以受定语修饰;
2. 可以用名词或代词复指;
3. 可以跟名词组成联合结构。③

第三,这种位置上的动词形容词失去了动词形容词的全部或一部分语法特点。例如在"作品分析是文学教学的重要内容"里,"分析"不能重叠,不能受副词修饰,不能带宾语,这时"分析"丧失了动词的全部语法特点;在"他的笑是有原因的"里头,"笑"不能重叠,不能作谓语,但是还能受副词修饰(他的不笑……),这时"笑"丧失了动词的一部分语法特点。④

1.3　如果我们仔细考察一下,就会发现以上这些理由都是成问题的。汉语的语言事实完全不支持名物化的说法。这种说法不但在理论上站不住,而且在实际的语法教学中也没有什么积极的作用。本文拟对名物化的根本论点作一些分

---

① 龙果夫在《现代汉语语法研究》里提到"事物化"(опредметить,俄文本13页,汉译本7页),但他所举的例子是"给了他一顿好打""等了个太阳大平西"等等。他在这本书里没有说主宾语位置上的动词和形容词都一律"事物化"。因此他所说的"事物化"跟中国语言学界所说的"名物化"是不同的。

② 黎锦熙、刘世儒《语法再研讨——词类区分和名词问题》(《中国语文》1960年12月号)。

③ 同②。

④ 《暂拟汉语教学语法系统简述》。

析,至于主张名物化的人之中在某些论点上的纷歧和出入,我们就不一一加以评述了。

§2 事物范畴与名词性

2.1 主张名物化说法的人认为放在主宾语位置上的动词和形容词"不表示实在的行动或性状,而是把行动或性状当作一种事物",①它们已经"由'行为范畴'或'性状范畴'转入'事物范畴'"。② 所谓"事物"或"事物范畴"究竟指的什么,名物化论者从来没有明确地解释过,可是整个名物化的理论却正是从这种模糊的观念发展出来的。我们现在来分析名物化理论,最好也从这一点入手。

就汉语来说,所谓"事物"与"非事物"(行动和性状)之间的对立,至少可以从以下三个不同的平面上去理解。

2.2 通常说名词表示事物的名称,动词表示行动,形容词表示性状。我们不能把这种说法看成名词、动词、形容词的定义,因为根据意义来划分词类是行不通的。这种说法实际上只是对于这三个词类的语法意义的大致的概括。所谓"概括"包括两个方面:一方面是对于同一个词类的各个成员的语法意义进行概括,另一方面是对于同一个词在不同的语法环境中所体现出来的语法意义进行概括。例如我们说名词表示事物,这不但概括了"木头、电灯、人、友谊"等词的共同的语法意义,同时也概括了"木头"这个词在不同的环境中——例如"一根木头""木头房子""这是木头的"等等——所体现

---

① 《暂拟汉语教学语法系统简述》。
② 同①。

出来的共同的语法意义。

上面说的第二个方面特别值得注意。因为同类的词在不同的位置上出现时,意义可以有不同。例如"一根木头"和"木头房子"里的"木头"就不能说没有差别,前者说的是物体本身,后者说的是"房子"的性质(质料);同样,"凉水"里的"凉"说的是水的性质,"水凉了"里的"凉"说的是一种变化。我们在概括一个词类的语法意义时,是否应该把这种由于位置不同而引起的意义上的差别也包括进去呢？如果包括进去,那我们就得承认"一根木头"和"木头房子"里的"木头"语法意义不同,前者属于"事物范畴",后者属于"性质范畴";"凉水"的"凉"属于"性质范畴","水凉了"的"凉"则属于"行动范畴"。[①] 象这样的论断并不是我们设想出来的,事实上确实有人这样主张过,而名物化论者认为主宾语位置上的动词和形容词已经由行动范畴和性状范畴转入了事物范畴,所持的也正是这样的论点。

我们并不否认"一根木头"和"木头房子"里的"木头"在意义上有某种差别;同样,也不否认谓语位置上的动词和形容词跟主宾语位置上的动词和形容词在意义上有某种差别。我们甚至还可以同意说主宾语位置上的动词和形容词有时确实表示的是"事物"。但是必须指出,这里所谓"事物"跟作为名词这个词类的语法意义的"事物"是不同的东西,二者不在同一个平面上。名物化论者正是把这种在另一个层次上的、更为广义的对于"事物"的概念跟作为名词这个词类的语法意义的狭义的所谓"事物"混为一谈,由此得出了一系列错误的结论。

---

① "行动范畴"不一定只指行为和动作,也包括事物的变化。

2.3 在汉语里,"什么"指称事物,"怎么样"指称行为、动作或性状。从"什么"和"怎么样"的区别上我们可以看到"事物"与"非事物"在另一个层次上的对立。

"什么"和"怎么样"的区别有两方面。首先,这两个词本身的语法功能不一样,大致如下表:

	受副词修饰	作谓语	作主宾语	作定语	作状语
什　么	-	-	+	+	-
怎么样	+	+	+	+①	+

"什么"跟名词的功能基本相同,"怎么样"则跟谓词的功能基本相同。其次,作为代词,"什么"和"怎么样"所能替代的词范围不一样。"怎么样"只能替代谓词(包括谓词性词组,下同),"什么"既能替代名词(包括名词性词组,下同),又能替代谓词。例如:

看什么？看电影。　　　看什么？看下棋。
怕什么？怕鲨鱼。　　　怕什么？怕冷。
考虑什么？考虑问题。　考虑什么？考虑怎么样做好工作。
葡萄、苹果、梨,什么都有。　唱歌、跳舞、演戏,什么都会。

总起来说,"怎么样"本身是谓词性的,它所替代的词也只限于谓词;"什么"本身是名词性的,但是它所替代的词却不限于名词。换句话说,"怎么样"跟它所替代的词语法性质相同,"什么"跟它所替代的词语法性质不一定相同。

如果我们根据"什么"和"怎么样"之间的对立来区分"事

---

① "什么"可以直接作定语(即不带"的"字),"怎么样"作定语,除非后面有数量词,否则都带"的"字。

物范畴"与"行为、性状范畴",那么就会得出以下两项结论：

第一,放在主宾语位置上的谓词不一定表示事物范畴,因为不但"怎么样"本身可以作主宾语,而且它还可以替代主宾语位置上的谓词。例如：

怎么样好？	答应好还是不答应好？
怎么样都行。	去也行,不去也行。
觉得怎么样？	觉得非常好。
感到怎么样？	感到很高兴。
打算怎么样？	打算立刻动身。
认为怎么样？	认为这个办法不错。

第二,表示事物范畴的不一定是名词,因为"什么"也可以替代谓词。例见上。

"什么"指称事物,"怎么样"指称行动或性状,二者的对立在汉语里是非常清楚的。根据"什么"的替代作用划出来的"事物范畴"跟2.2里所说的作为名词这个词类的语法意义的"事物范畴"不一致,但是也说不上矛盾,因为这两种"事物范畴"含义不同,属于不同的层次。"怕冷"的"冷"就它所属的词类的语法意义来说,是表示性状的,但是当它作"怕"的宾语时,则是和"什么"相关联,而不是和"怎么样"相关联的,从这个角度说,它是属于"事物范畴"的。

2.4　然而名物化论者所说的"事物"或"事物范畴"要比我们在2.3里所说的更为宽泛。在名物化论者看来,所有主宾语位置上的动词和形容词都表示事物范畴。

名物化论者在论证主宾语位置上的谓词具有名词的性质时,有一条重要的理由是：放在这种位置上的谓词都"能够用名词代词复指",①例如"躺着比坐着舒服些"可以插进一个名词性的同位语,说"躺着这种休息方式比坐着舒服些",由此证明"躺着"已经"名物化"了。在他们看来,"躺着"后头能加上名词性同位语,这不但证明了这里的"躺着"具有名词性,同时也证明这个"躺着"已经由行为范畴转入了事物范畴。因此我们在2.3里所得出的两项结论,在名物化论者看来,都是不能成立的。我们举出"看什么?看下棋"一类格式说明表示事物范畴的词不一定是名词,名物化论者则可以根据"看下棋这种文娱活动"②来证明这里的"下棋"不仅表示事物范畴,而且同时已经"名物化"或"名词化"了;我们举出"怎么样好?答应好还是不答应好?"来说明主宾语位置上的谓词不一定表示事物范畴,名物化论者则可以举出"答应这种方式好,还是不答应这种方式好"来证明这里的"答应""不答应"不仅表示事物范畴,而且已经"名物化"或"名词化"了。

我们认为这种论点是站不住脚的。首先,把"可以跟名词构成同位语"、"可以用名词、代词复指"算作名词的"语法特征"就是没有根据的,这一点在§3里还要讨论,这里暂时不谈;更重要的是如果我们采用这种论证方法,那么不但可以证明所有主宾语位置上的动词和形容词都是名词,而且必然会得出以下一系列荒谬的结论:

---

① 史振晔《试论汉语动词、形容词的名词化》是这样说的,黎锦熙、刘世儒在《语法再研讨——词类区分和名词问题》中则说"可以和名词构成同位语"。

② 这个句子很不自然,但名物化论者所举的这类例子大都是不很自然的。例如"躺着这种休息方式比坐着更使人舒服些","劳动劳动这种想法很必要"之类。

第一,可以证明所有的句子,甚至所有的段落、篇章都是名词性的,因为我们可以在任何句子、段落或篇章之后用"以上的话"一类说法来复指它。

第二,可以证明所有的句子里的谓语都是名词性的,例如:

> 他转过身来用左手把对方打过来的一个上旋球猛抽回去,这个动作赢得了全场观众的欢呼。

"这个动作"复指前一个分句的谓语"转过身来……",可见这个谓语是名词性的(!)。

第三,我们甚至可以证明在动词和形容词还没有进入句子以前,先天地就是名词。因为既然把它们叫作"动词""形容词",那就是用"动词""形容词"来指称它们,而"动词""形容词"本身却正是名词。

名物化论者显然忽略了语言学里一条重要的原则,即当我们用 A 来指称 B 的时候,A 与 B 不一定是同类的东西。例如我们用[ma^3]这个语音形式来指称一种动物,语音[ma^3]和作为动物的马完全不是一种东西;我们可以用"什么"来指称谓词,但"什么"本身却是名词性的(参看 2.3);我们说动词和名词是不同的词类,可是用来指称动词的名称"动词"本身却是名词。

如果撇开词性问题不谈,专论意义,那末名物化论者关于事物范畴的说法也不能说完全没有根据。不过他们所说的"事物"跟上文 2.2 和 2.3 里所说的"事物"完全不相干,是属于另一个层次上的东西。

传统的形式逻辑认为逻辑判断的主词反映人们所思维的

"事物",宾词反映对主词有所断定的"属性"。例如"水是液体"这个判断就是肯定"水"这种"事物"具有"液体"这种"属性"。如果我们针对"属性"本身进行判断,那么原判断里的"属性"在这个新判断里又被看成事物,我们得另拿"属性的属性"作为宾词去进行判断。比较:

李花是白的。　　　　（A）
白是一种颜色。　　　（B）

"李花"和"白"本来是不同范畴的概念:前者指具体的事物,后者指一种性质,可是当这两个概念作为判断的主词时,我们却把二者放在同一个平面上看待,即把它们都看成"事物",不过这里所谓"事物"跟我们说"李花是一种事物,白是一种性质"时所说的"事物"含义显然不同。

逻辑语言里的判断相当于自然语言里的句子。就汉语来说,主语表示陈述的对象,正跟逻辑判断里的主词相当。表示人或"物"的词语("孩子、书、火车、友谊"等等)可以作主语;表示行为、动作或性状的词语("写、看、冷、漂亮"等等)也可以作主语。当它们处在主语的位置上时,在我们心理上是把它当作一种"事物"来看待的,这正如我们把逻辑判断里主词所代表的概念一律当作"事物"来看待一样。

名物化论者所说的"事物"正是这种广义的"事物"。这种意义上的"事物"在哲学上或心理学上可能是有根据的,可是它跟作为名词的语法意义的所谓"事物"不是一回事,至少没有直接的关系。因此决不能根据这一点来论证主宾语位置上的动词和形容词的词性问题。

§3 词类的共性与个性

3.1 名物化论者分别从语法意义和语法性质两方面来证明他们的论点。从语法意义方面说,主宾语位置上的动词和形容词已由"行为范畴"或"性状范畴"转入了"事物范畴";从语法性质方面说,这种位置上的动词和形容词具有"一系列的名词的语法特征",所谓"名词的语法特征"指的是:

(1) 可以用名词或代词复指。
(2) 可以受定语修饰。
(3) 可以和名词组成联合结构。①

这三项性质的普遍性是不同的,(1)的普遍性最大,(2)次之,(3)最差。例如:

> 写得好是事实。
> 听说他快回国了。
> 他说他不知道。

这些句子里的主语"写得好"、宾语"他快回国了""他不知道"都不能跟名词组成联合结构,也不能受定语修饰,可是能用名词或代词复指。例如说:

> 写得好,这是事实。
> 听说他快回国了,这个消息靠得住吗?
> 他说他不知道,这是真的吗?

---

① 黎锦熙、刘世儒在《语法再研讨——词类区分和名词问题》一文中一共列举了四项特征,除了我们这里所举出的三项之外,还有一项——"可以放在'介词……方位词'这个语言区域中(这中间是名词的地位)如:'粉墙突出在新绿里'。"我们不明白为什么要举这一项,因为这一项既和主语无关,也和宾语无关。"在新绿里"显然是"在"加上"新绿里",不是"在新绿"加上"里","新绿"不能看成"在"的宾语。

可见我们不能说所有主宾语位置上的动词和形容词都同时具备这三项性质,只能说这种位置上的动词和形容词至少具有这三项性质中的一项。换言之,这三项性质应当作为一个单一的整体来看待。

我们在2.4里已经指出(1)不是名词的语法特征(可是这一项正是三项当中普遍性最大的一项),现在姑且撇开这一点不论,另从词类的共性和个性这个角度上来分析名物化的理论。

3.2 词类是根据词的语法性质分出来的类。同类的词必须具有某些共同的语法性质,异类的词必须具有互相区别的语法性质。

说同类的词必须有共性,并不是说同类的词语法性质全部相同。例如"书"和"笔"都是名词,可是只有"一本书""一枝笔"的说法,没有"一本笔""一枝书"的说法。不论我们对于这种差别的重要性如何估计,我们不能不承认这两个词在这个具体的语法性质上(即对于量词"枝"和"本"的选择上)表现不一样。我们把形容词定为一类,可是形容词内部也仍然有区别,譬如说,有的形容词能重叠,有的就不能重叠。

异类的词必须有相互区别的个性,但这也不是说异类的词之间就毫无共性。例如我们把动词和形容词分为两类,可是这两类之间仍有显著的共性,例如动词和形容词都能作谓语,都受副词修饰等等。

总起来说,同类的词必须有共性,同时其内部又有不同的个性;异类的词必须有互相对立的个性,但这也不妨碍它们之间有某些共性。正是因为同类的词可以有不同的个性,所以大类之下可以分出小类来(例如动词里的及物动词和不及物动词);因为异类的词之间也有共性,所以我们可以把不同的词类归并为一个大类(例如把动词和形容词合并为谓词)。

在汉语里,动词形容词跟名词之间的对立是很显著的,但这并不是说动词形容词跟名词就没有任何共性。通常把这三类词都归到实词这个大类里去跟虚词相对待,实词这个类正说明了名词、动词和形容词之间有共性。

3.3 一个词类的"语法性质"和它的"语法特征"显然是不同的概念。词类的语法性质指这一类词的全部共性。既然是全部共性,其中当然也包括这一个词类与其它词类之间的共性在内。词类的"语法特征"指的是仅为此类词所有而为它类词所无的语法性质,即指这个词类所以区别于其它词类的个性。

名物化论者举出的三项"名词的语法特征"确实是名词的"语法性质",作为一个单一的整体来看,同时也是动词和形容词的"语法性质"。既然如此,我们就不能说这是名词的"语法特征",而是名词、动词、形容词三类所共有的"语法性质",即三者的共性。①

3.4 如果我们把动词和形容词合起来看成是跟名词相对待的一个大类——谓词,那末名词和谓词之间的对立不在

---

① 所有的名词都具备这三项性质,但是主宾语位置上的动词和形容词却不一定同时具备这三项性质。如果把这三项性质合起来看成一个内部可以选择的整体,那末主宾语位置上的动词和形容词就都满足这个条件:有的能用名词或代词复指,有的能受名词或代词修饰,有的能跟名词组成联合结构,三项里至少能满足一项。因此,这三项性质合起来作为一个整体,是名词、动词、形容词的共性。参看3.1。

于名物化论者所提出的名词能受定语修饰、能用名词或代词复指等等所谓名词的"语法特征"上头。因为动词和形容词同样也具有这些性质。根据这些性质,我们根本无法把名词和谓词区别开。名词和谓词的真正对立在于谓词能作谓语、能受副词修饰、能带后加成分"了""着"等等,而名词不能。只有根据这些语法性质(谓词的语法特征)才能把名词跟谓词区别开。名物化的理论是在承认目前对于名词、动词、形容词三类词的划分的基础上提出来的,因此他们一方面主张能用名词或代词复指、能受名词或代词修饰等等是名词的语法特征;另一方面又不能不承认能作谓语、能受副词修饰、能加后加成分"了""着"等等是谓词的语法特征。在我们看来,这两个论断只能维持其中的一个,不能同时承认两个,因为二者是不相容的。同时承认这两个论断,就等于说目前大家所公认的动词和形容词两类不但有它们本身的语法特征(作谓语、受副词修饰等等),同时又有名词的语法特征,这样说显然是自相矛盾的。我们把甲类词跟乙类词分成两类,只有在一种情形下才是可能的,即甲、乙两类的语法特征不同,现在先把它们分成两类,分好了之后,又说甲类词具有乙类词的语法特征。既然如此,当初就没有理由把它们分成两类。

总之,名物化的说法跟目前的词类系统之间是有矛盾的。如果名物化的说法是作为对于目前划分出来的名词、动词、形容词三个词类的语法性质的描写提出来的,那末这种描写是不符合事实的。因为能用名词代词复指、能受定语修饰等等并不是我们目前划分出来的名词这一词类所独有的性质,而是名词、动词、形容词三类所共有的性质。如果名物化的说法是作为划分词类的标准提出来的,即认为凡是能用名词或代词复指、能受定语修饰的词就是名词,那末就必须放弃目前的词类划分系统,重新给实词分类。这样分类的结果大概不外乎以下两种情形:第一,把目前大家公认的名词、动词、形容词三类归并为一类,而一类实际上就是无类,这就跑到汉语无词类论的路上去了。第二,认为放在主宾语位置上跟放在谓语位置上的动词和形容词,尽管语音形式和词汇意义都完全一样,也应该看成不同的词(例如把"黑是一种颜色"里的"黑"跟"他比我黑"里的"黑"看成两个不同的词)。这种办法不但在分类问题上讲不通,而且在词的同一性的问题上也是讲不通的。

3.5 名物化论者能找到的理由还有下面这样一点:谓语位置上的动词和形容词绝对不受定语的修饰,只有主宾语位置上的动词和形容词才受定语修饰,可见这两种位置上的动词和形容词语法性质确实不一样。

关于这个说法,我们想指出以下两点:

第一,同类的词在不同的语法位置上表现出的语法性质可以不一样。例如名词放在主语或宾语的位置上,可以受数量词修饰。但是当它直接(即不带"的"字)作定语的时候,就不再受数量词的修饰了。例如"汽车轮子"里的"汽车"之前不能加数量词"一辆",可是能说"一辆汽车的轮子"。我们决不能根据这一点说"汽车轮子"里的"汽车"跟放在主宾语位置上的"汽车"以及"汽车的轮子"里的"汽车"语法性质有什么不同。实际上所有直接作定语的名词都不受数量词修饰,可见这正是名词本身的性质之一。同样,放在谓语位置上的动词和形容词不受名词或代词修饰,只有放在主宾语位置上的时候,才受名词或代词修饰,这正是动词和形容词的性质之一。两种位置上的动词和形容词本身性质并没有起变化。关于这一点,§5里还要谈到,这里就不多说了。

第二,很多语法书单纯根据中心语的词类来给定语和状语下定义,例如说"定语是加在名词前边的连带成分","状语是句子里加在动词或者形容词前边的连带成分"。① 事实上动词和形容词前边的修饰语不一定是状语,例如"这本书的出版是有重要意义的"里头的"这本书"。名物化论者认为能够受名词或代词修饰是名词的语法特点,这个说法并不是从客观语言事实里归纳出来的,而是根据语法教科书上给定语下的这种极不完善的定义里推论出来的。"这本书的出版是有重要意义的"里头的"这本书"显然是定语,而非状语。根据定义,定语是名词的修饰语;由此便得出结论,说这里的"出版"已经"转为名词"了。等到讨论这个句子里的修饰语"这本书"是定语还是状语时,又反过来说,"出版"本来是动词,可是在这个句子里已经转为名词了,因此前边的修饰语是定语,而非状语。

确定一个语言结构(ab)里组成成分(a)的性质时,不仅要考虑这个成分本身的性质(a的性质)以及跟它发生关系的其它成分的性质(b的性质),还要考虑整个结构的性质(ab的性质)。因此在确定一个修饰成分是定语还是状语时,不能单纯地从中心语的性质着眼,必须同时考虑充任这个修饰

---

① 初中《汉语》课本5.132,5.136。

语的词本身的性质以及整个偏正结构的性质。在"这本书的出版是有重要意义的"里头,"这本书"之为定语不决定于"出版"的性质,因为"出版"前头的修饰语不一定是定语(例如"不出版""马上出版"等等),而决定于"这本书"本身的性质,因为"这本书"无论修饰什么东西,它总是定语,不可能是状语。说"这本书"是定语,一点也不能证明它后边的中心语"出版"是名词,因为我们还可以说"这本书的迟迟不出版是有原因的"。"迟迟"和"不"显然都是状语,因此即使根据一般语法书上给定语和状语下的定义来看,这句话里的"出版"也只能说是动词,不能说是名词。

"出版"是动词,加上定语"这本书"之后,它仍旧是动词,可是整个偏正结构"这本书的出版"却是名词性的了。说"这本书的出版"是名词性词组,决不是因为它在主语(或宾语)的位置上,而是因为这个结构本身就是名词性的:既不能作谓语,也不受副词修饰。

放在主宾语位置上的动词和形容词既能受定语修饰,又能受状语修饰,因为充任主宾语的可以是名词性成分,也可以是谓词性成分。放在谓语位置上的动词和形容词只能受状语修饰,不能受定语修饰,因为加上定语之后,整个词组就变成名词性的成分了,而名词性成分是不能做谓语的。可见说谓语位置上的动词和形容词不受名词或代词的修饰,跟说名词性成分不能作谓语是同一个事实的两种不同的说法。

§4 对立与分类

4.1 名物化论者说主宾语位置上的动词和形容词具有

名词的语法特征,可见已经转成了名词。事实上几乎所有的动词和形容词都能作主语和宾语,①因此这就等于说汉语里的动词和形容词基本上都能转成名词。

4.2 任何语言单位的分类都是以这些单位之间的对立关系为基础的。汉语的名词和动词在语法性质上有显著的对立,所以才能分为两类;如果名词也跟动词一样,具备作谓语、受副词修饰等等性质,那我们就不能象目前这样根据这些性质把它们分为两类,不管它们在意义上有多大的区别。

假定我们根据某种标准把甲类词跟乙类词分为两类。如果所有的甲类词都有性质 A、B、C,所有的乙类词也都有性质 A、B、C。此时我们既不能说甲类词具有乙类词的性质(或乙类词具有甲类词的性质),更不能说甲类词转成了乙类词(或乙类词转成了甲类词),因为对于性质 A、B、C 来说,甲类内部和乙类内部都没有对立(所有的甲类词都具有这些性质,所有的乙类词也都具有这些性质)。例如汉语的动词和形容词都能作谓语,都能受副词修饰,这是动词的性质,同时也是形

---

① 到底有多少动词形容词不能作主宾语,我们没有详细调查过,不能下结论。这里只指出以下两点:第一,有些动词后边经常跟着宾语,例如:"姓、具有、含有、认为、以为、觉得、加以"以及"受罪"的"受","劳驾"的"劳","借光"的"借"等等,这类动词不但不能作主宾语,也不能作谓语,除非后头带着宾语。其中有少数的时候可以作谓语,例如"这个办法很好,我认为"。但此时意念上的宾语(这个办法很好)仍在句子里出现,不过不是在宾语的位置上。如果带上宾语,则整个动宾结构可以作主宾语(加以调查是必要的)。第二,通常把"男、女、金、银、雌、雄、本(国)、单(衣服)"等等归入形容词,这一类词不但不能作主宾语,也不能作谓语。如果我们承认"姓、具有、加以"等动词能作主宾语(后头带宾语),同时把"男、女、金、银"等等排除在形容词之外(这是很有理由的),那么能作主宾语的动词形容词百分比是极高的。

容词的性质。当形容词作谓语或受副词修饰时,我们不能说它取得了动词的性质,或转成了动词;同样,当动词作谓语或受副词修饰时,也不能说它取得了形容词的性质,或转成了形容词。

可能有人会这样问:如果 A、B、C 等等确实是甲类词的语法特征,那末当乙类词取得 A、B、C 等性质时,它就是取得了甲类词的特征,此时为什么不能说它具有甲类词的性质呢?要知道如果 A、B、C 真是甲类词的语法特征,那末乙类词就不可能具有这些性质。因为所谓甲类词的语法特征正是为甲类词所特有而为它类词(作为一个整体来说)所绝无的语法性质。如果乙类词也具有 A、B、C 等性质,那正证明了 A、B、C 不是甲类词的语法特征,而是甲、乙两类词的共性。

4.3　还有一种情形:所有的甲类词都具有 A、B、C 等性质,但是只有一部分乙类词(不是全部)具有这些性质。在这种情形之下,如果有人说这一部分乙类词取得了甲类词的语法性质,或者说这一部分乙类词已经转成了甲类词,这个话就不能说没有意义,因为对于 A、B、C 等性质来说,在乙类内部有对立。例如通常把"红"归入形容词,但是可以说"红着脸""把脸一红"。就"~着+名词""把+名词+一~"这两个格式来说,形容词内部有对立:有的形容词能放在这类格式里,有的不能放。此时,我们可以说形容词"红"取得了动词的语法性质,甚至可以说它已经转成了动词。(应该如何处理,决定于其它的许多因素,这里不谈。)但如果所有的形容词都能放在这两个格式里,那末我们就不能说放在这类格式里的形容词取得了动词的语法性质,更不能说它们已经转成了动词。

4.4 "锁"有两个意思：一指具体的物件，一指动作。两种意义分别代表两个不同的词。这两个词在语法性质上也是对立的。比较：

锁$_1$	有 锁	一把锁	很多锁	旧 锁	—	—	—
锁$_2$	—	—	—	—	锁门	锁着	不锁

"锁$_1$"是名词，"锁$_2$"是动词。

"锁$_2$也可以放在主语或宾语的位置上，例如：
　　锁比不锁好。……………………………（A）
　　我主张锁。……………………………（B）
就词类的语法意义说，这里的"锁"仍表示行动范畴。(A)的"锁"放在主语的位置上，是句子陈述的对象，在这个意义上说，我们也可以把它看成一种"事物"（广义的"事物"，看 2.4）；可是就语法性质说，则仍是动词，跟"不锁""锁门"里的"锁"一样，都是"锁$_2$"。

"希望"是动词，但是它跟一般的动词在语法性质上有对立：

	a	b	c	d	e	f
希 望	有 希 望	一线希望	很多希望	很大希望	希望参加	不希望
爱 惜	—	—	—	—	爱惜时间	不爱惜
汽 车	有 汽 车	一辆汽车	很多汽车	大 汽 车	—	—

"希望"跟一般的动词（例如"爱惜"）在 a、b、c、d 等性质上对立，在 e、f 等性质上不对立；"希望"跟名词（例如"汽车"）在 a、b、c、d 等性质上不对立，在 e、f 等性质上对立。

"希望"跟"锁"的情形不同。"有锁"里的"锁"跟"不锁"里的"锁"意义完全不同,显然是两个词。可是"有希望"和"不希望"里头的两个"希望"意义没有什么区别。我们分得出两个不同的"锁",可是分不出两个不同的"希望"。

再举一个形容词的例子:

	a	b	c	d	e	f
困难	有困难	一层困难	很多困难	很大困难	很困难	这个事困难
干净	—	—	—	—	很干净	这件衣服干净
汽车	有汽车	一辆汽车	很多汽车	大汽车	—	—

"困难"跟一般的形容词(例如"干净")在语法性质上有对立,情形跟"希望"相同。

"希望""困难"跟名词的语法性质有某些共同点,而跟一般的动词形容词之间有某些对立。它们跟名词相同的地方正是它们跟一般的动词形容词不同的地方。因此我们可以说这一类动词形容词具有名词的语法性质。如果要起名字的话,不妨分别叫作"名动词"和"名形词"。关于这两类词的确定以及它们的语法性质的分析,我们将在另外一篇文章里讨论。

名物化论者所举的例子里有很多正是所谓"名动词",例如"劳动""翻译""分析""斗争""选择""学习"等等。名物化论者说它们具有名词的性质,我们也说它们具有名词的性质,但彼此的出发点完全不同,不能相提并论。

4.5 根据以上的分析,我们可以得到如下的结论:如果我们把甲类词跟乙类词分为两类,那么"所有的甲类词在某种情况之下都取得了乙类词的语法特征",或是"所有的甲类词在某种情况之下都转成了乙类词"一类的话都是没有意义的。因为这样说的时候,实际上就是否认甲、乙两类之间的对立,而同时这个话又正是以甲、乙两类之间的对立为前提的(即是在承认甲类和乙类是不同的词类这个前提之下说的),因此这种说法本身就是自相矛盾的。

我们不同意名物化的说法,不仅仅是因为这种说法缺乏事实上的根据,根本的一点是因为这种说法的结论本身就是自相矛盾的。

§5 已实现的语法性质与未实现的语法性质

5.1 名物化论者认为主宾语位置上的动词和形容词不但取得了一系列名词的语法特点,而且同时丧失了动词和形容词原有的一部分或全部语法特点。例如《暂拟汉语教学语法系统简述》在分析"他的来使大家很高兴""狐狸的狡猾是很出名的"一类格式时,说其中的动词和形容词"失去了一部分特点——不能重叠,不能作谓语;保留着一部分特点——受副词修饰(他的不来……,他的不聪明……),动词带宾语(他的爱劳动不是真爱);同时取得了名词的一个特点——受名词、代词修饰。"

在§3里我们指出主宾语位置上的动词和形容词并没有取得什么名词的语法特点,现在我们再来分析一下主宾语位置上的动词和形容词是否丧失了原有的一部分或全部语法特点。

5.2 "会不会"这个格式里包含几个词,可以有两种不同的回答:一种回答说是三个词,另一种回答说是两个词。这两种回答里头的"词"的含义不一样。第一种回答所说的"词"是指在一定的语言片段里出现的"词的个体";第二种回答里所说的词是指所有已经证实了同一性的"词的个体"的"集合"。① 为了称述方便起见,我们暂时把前一种意义的"词"叫作"个体词",后一种意义的词叫作"概括词"。例如在下边的语言片段里:

  会$_1$ 不会$_2$

  会$_3$ 骑马

  会$_4$ 了

"会$_1$、会$_2$、会$_3$、会$_4$"都是个体词,但因为它们的形式和意义都相同,因此尽管在不同的环境里出现,我们可以把它们归纳为一个概括词。但是在下边的语言片段里:

  会$_5$ 不会$_6$ 开会$_7$

  会$_8$ 开完了

"会$_5$"和"会$_6$"是一个概括词,"会$_7$"和"会$_8$"是另一个概括词。

  个体词永远在一定的语言片段里占据一定的位置。概括词则是个体词的抽象和综合,是具体的语言片段以外的东西。②

  5.3 一个词类的语法性质体现在隶属于这个词类的每一个概括词的身上。例如"桌子"是名词,名词这个词类的全部语法性质(共性)都是"桌子"的语法性质。③ 但是当"桌子"进入句子以后,它不可能把名词的全部语法性质都"实

---

① 这里所谓"集合"(或称"类"),是用的数学或数理逻辑上的意义。
② 词典里的词就是概括词,而非个体词。
③ 可是"桌子"的语法性质却不一定全都是所有名词的共性。

现"出来。例如名词可以作主语,也可以作定语,但是当它作主语的时候,不可能同时又作定语。在这种情形下,我们能不能说它丧失了名词的一部分性质呢?不能。打个比方来说,在通常的气压下,水加热到摄氏100°就会沸腾,冷却到摄氏0°就会结冰。可是我们决不能因为水在零度结冰时没有同时沸腾,就说它已经丧失了水的一部分性质。动词具有以下两项性质:

(a) 前边可以加"没";
(b) 后边可以加后加成分"了"。

在"我没去"里,动词"去"只实现了性质(a),没有实现性质(b),而且也不可能实现性质(b)。我们能不能因此说这个句子里的"去"已经丧失了动词的一部分性质呢?不能。因为任何动词前边加上了"没",后边就不能再加后加成分"了",这正是动词的性质之一。可见我们上边列举的(a)(b)两项性质本身的说法就不够准确,更准确的说法是:

(a′) 动词后边不带"了"的时候,前边可以加"没";
(b′) 动词前边不带"没"的时候,后边可以加"了"。

因此"我没去"里的"去"不但实现了性质(a′),同时也"蕴含着"性质(b′)。它不但没有丧失动词的性质,而且还恰恰体现了动词的性质。

动词之后能够加"了"本来是有条件的。如果我们主观地把这个有条件的性质看成无条件的性质,等到看见一个动词在某种环境里不能加"了"的时候,就硬说它丧失了动词的一部分性质,这种论证方法显然不合逻辑。打个比方来说,在通常的气压下,水加热到摄氏100°就会沸腾,如果我们不理会气压这个条件,只是说水到了摄氏100°就必然沸腾,等到气压加大,水超过了100°仍不沸腾时,就说这个水已经丧失了一般的水的性质,这当然是不合理的。

可是名物化论者采用的正是这样的逻辑,他们认为"他的来使大家很高兴""狐狸的狡猾是很出名的"里头的"来"和"狡猾"丧失了一部分动词和形容词的特点——不能重叠,不能作谓语;同时取得了名词的一个特点——受名词或代词修饰。在我们看来,这类格式里的动词和形容词既未"失去"什么原有的特点,也没有"取得"什么新的(名词的)特点。无论它们已经实现出来的性质(作主语、受定语修饰等等)或是蕴含在内的性质(在这种具体环境里不能重叠、不能作谓语等等),都是动词和形容词本来的性质。(因为所有的动词和形容词都是如此,内部不对立。参看§4。)

5.4 如果用名物化论者这种论点来分析词的语法性质,那必然会得出许多奇怪的结论来。例如"好书"里的"好"显然已经"失去"了形容词的全部语法性质,因为它(1)不能作谓语,(2)不受副词修饰,(3)不能加后加成分"了",(4)不能重叠。① 可是它也并没有"取得"什么名词的"语法特点",因为它既不能受定语修饰,也不能用名词或代词复指。要把这个"好"解释成动词显然也是不可能的,那末这个"好"到底是什么性质的词呢?

§6 名物化理论、句子成分定类论与汉语无词类论

6.1 划分词类的时候,不能根据个体词在句子里所实现

---

① 指重叠式本身(即不包括"的"字在内)。可以说"好好写",但不能说"好好书"。

出来的语法性质给它分类,必须先把证实了同一性的个体词归纳为概括词,再在概括词的基础上进行分类。例如:

a. 谁去$_1$? 谁看$_1$?
b. 去$_2$是对的。 看$_2$是对的。
c. 去$_3$的人很多。 看$_3$的人很多。

"去$_1$、去$_2$、去$_3$"三个个体词的形式和意义相同,是同一个概括词;同样,"看$_1$、看$_2$、看$_3$"也是同一个概括词。当我们把"去$_1$、去$_2$、去$_3$"综合成一个概括词的时候,同时也把它们的语法性质综合起来作为概括词的语法性质。譬如个体词"去$_1$"在(a)里所实现的语法性质是作谓语,"去$_2$"在(b)里所实现的语法性质是作主语,"去$_3$"在(c)里所实现的语法性质是作定语。这三者合在一起是概括词"去"的语法性质(这是当作例子来说的,实际上"去"的语法性质当然不止这三点)。我们在5.2里说"概括词是个体词的抽象和综合",现在知道,概括词的语法性质也是个体词的语法性质的抽象和综合。个体词的语法性质只是这个个体词在一定的语言片段里所实现出来的语法性质,概括词的语法性质则是隶属于这个概括词的所有的个体词的语法性质的总和。

6.2 词类是概括词的分类,不是个体词的直接分类。个体词与词类之间只有间接的关系,没有直接的关系。例如在6.1所举的例子里,概括词"去"和概括词"看"的语法性质有共同之处(都能作谓语、主语、定语),我们可以根据这一点把它归为一类。[①] 如果不是根据概括词分类,而是根据个体词

---

① 这是作为例子来说的,真给动词划类的时候,还要考虑其它因素,当然不这样简单。

分类，那么不但"去₁"和"看₂"不能放在同一类里，"去₁"和"去₂"也不能放在同一类里。采用这种分类的观点，就必须把"去₁"和"看₁"归为一类（都具有作谓语的语法性质），"去₂"和"看₂"归为一类（都具有作主语的语法性质）等等。这样分出来的类不是概括词的类，而是个体词的类；因为个体词与句子成分是相对应的（"去₁"作谓语，"去₂"作主语，"去₃"作定语），所以这样划出来的类，实际上也就是句子成分的类。

6.3 《新著国语文法》一方面承认要把个体词归纳为概括词，即承认"去₁""去₂"去₃"是同一个词，因此三者同属一类；另一方面又要根据句子成分定类，即根据个体词在句子中已实现出来的性质分类，这样就产生了矛盾。作为概括词，"去"是动词，入句以后，"去"有时是动词（去₁），有时是名词（去₂），有时是形容词（去₃）。为了解决这个矛盾，便提出了"转类"（词类通假）的说法："去"在句外（概括词）时是动词，入句以后是什么词决定于它所充任的句子成分，作谓语时是动词，作主语宾语时是名词，作定语时是形容词等等。

句子成分定类论的毛病有两方面：第一，所选择的分类标准不恰当，由此引起了概括词与个体词之间的矛盾。第二，为了解决这种矛盾而提出的转类理论跟分类必须以对立关系为基础的原则相冲突（看§4），因此不但不能解决矛盾，反而加深了矛盾。

6.4 名物化理论实际上就是句子成分定类论的一个组成部分。我们只要仔细地读一读《新著国语文法》，就会发现除了"名物化"这个名称以及一些新增加的理由之外，根本的论点是完全一样的。如果我们接受名物化的说法，那么《新著国语文法》里认为定语位置上的词都是形容词,谓语位置上的词都是动词等等说法,也应该同样接受下来。这样就不但可以有"名物化"的说法,还可以有"性状化""行为动作化"等等说法,表面上看起来都是新理论,其实是又回到《新著国语文法》的老体系上去了。

6.5　黎锦熙先生在《新著国语文法》里根据句子成分定词类,结果得出了"依句辨品,离句无品"的结论;高名凯先生主张划分词类必须根据形态,结果得出了汉语实词不能分类的结论。这两种理论出发点不同,但是实质上有许多共同之处。特别值得我们注意的是以下两点:第一,《新著国语文法》认为凡是在主宾语位置上的词都是名词;第二,凡是在定语位置上的词都是形容词。[①] 高名凯先生也同意这两点,不但同意,而且相当坚持。为什么呢? 我们知道,绝大部分的实词都能放在主宾语的位置上。名词和形容词一般可以直接作定语,动词加上"的"之后也能作定语。如果不限制带"的"与否,那么几乎所有的实词都能作定语。因此承认以上两条就等于承认所有的实词不管它原来是哪一类,既可以变成名词,又可以变成形容词。换句话说,就是词无定类,而词无定类实质上也就是无词类。高名凯先生所以坚持这两点,因为他认为这是汉语实词无词类的重要证据。[②] 其实这两点论断都是站不住的。

---

① 基本上如此。《新著国语文法》在这一点上摇摆不定,有的时候又承认它仍是本类词。

② "我们之所以认为汉语的实词不能区别词类,其中的一个理由正因为汉语的词都可以当主语用。"(《语法理论》243页)。

6.6 就高先生的理论系统而言,他坚持这两点,在逻辑上尤其说不过去。高先生过去一再强调划分词类的标准只能是形态,没有形态就无从分类。近来他的意见稍有改变,认为意义、功能、形态对于划类都有作用,但仍旧坚持"词的内部形态是划分词类的主要标准",①既然如此,高先生怎么能说在主语宾语位置上的词一定都是名词,在定语位置上的词一定都是形容词呢?高先生这样说的时候,已经离开了他所坚持的内部形态分类论,悄悄地跑到句子成分定类论的立场上去了。不同之处是句子成分定类论认为词只能在句内分类,"依句辨品,离句无品",高先生又向前走了一步,得到了汉语无词类的结论。

高名凯先生在《汉语语法论》的修订本里仍然坚持汉语的实词不能分类,但实际上却把它分成三类:(1)具有名词功能的词,(2)具有动词功能的词,(3)具有形容词功能的词;并且说"汉语的实词并没有一个固定的功能,它可以在不同的场合里具有不同的词类功能"。② 这种说法跟句子成分定类论实质上是一回事。第一,高先生所谓的"词类功能"正是根据句子成分定出来的:在主语位置上的词具有名词的功能,在定语位置上的词具有形容词的功能等等。这跟《新著国语文法》的办法完全一样,不过《新著国语文法》管它叫作词类,高名凯先生管它叫作"词类功能",只是换了一个名称而已。第二,高先生说汉语的实词"没有固定的功能,它可以在不同的

---

① 《语法理论》153页。
② 《汉语语法论》(修订本)82页。

场合里具有不同的词类功能",这正是黎锦熙先生过去所说的"依句辨品,离句无品"。除了名目不同之外,我们看不出这两种说法有什么不同之处。

在我们看来,高名凯先生关于词类功能的说法里有一个大破绽,这就是所谓"名词的功能""动词的功能""形容词的功能"里的"名词、动词、形容词"究竟何所指。这里说的"名词""动词""形容词"等等显然不是汉语里的东西,因为高先生根本否认汉语的实词可以分类。那么剩下来只有两种可能:第一,指的是另一种语言里的词类,这就无异于把汉语语法建筑在别种语言的语法系统的基础上,这恐怕高先生也不会同意的。第二,指的是从各种不同的语言里抽象出来的一般的词类观念。这种离开了具体语言而抽象出来的"名词""动词""形容词"等等真的存在吗?如果存在,它们到底指的是什么东西呢?这些问题高先生完全没有加以解释,而就高先生的理论系统来看,这一点是必须解释清楚的。

6.7 总之,名物化理论是句子成分定类论的一个组成部分,而句子成分定类论跟汉语无词类论表面上不一样,实质上却是一回事。承认名物化的理论,那么在原则上就没有什么理由不承认句子成分定类论,承认句子成分定类论,只要稍微往前走一步,就会得到汉语无词类的结论。

§7 结 束 语

7.1 以上我们针对名物化说法的根本论点作了一些分析。实际上这种说法的毛病还不止这些。作为一个理论体系来看,其中的漏洞和自相矛盾之处是很多的,我们不可能在这篇文章里详细分析,这里只举一个例子。

就目前各家的说法来看,所谓名物化指的是主语宾语位置上的动词和形容词的名物化,但是就他们所提出的论据来看,则名物化的动词和形容词不应局限于主语和宾语,至少还应该包括一部分定语在内。例如:

  a. 他这次来的目的是搜集资料。

  b. 做气功这种医疗方法的效果看来很大。

  c. 解放以前,劳动人民经常受到贫穷、疾病和失业的威胁。

(a)作定语的动词"来"本身带定语"这次",(b)作定语的动宾结构"做气功"有一个名词性的同位语"这种医疗方法",(c)定语"贫穷、疾病和失业"是一个联合结构,共中动词"失业"、形容词"贫穷"跟名词"疾病"并列在一起。按照名物化论者的观点,这些句子里的"来""做气功""贫穷""失业"等等应该说也都名物化了,可是它们都不在主语和宾语的位置上,而是在定语的位置上。名物化论者没有注意到这一点,可能是由于疏忽。但问题还不仅于此。名物化论者在论证主宾语位置上的动词和形容词名物化的时候,说这种位置上的动词和形容词在语法意义上表示"事物",同时又取得了"一系列的名词的语法特征"。现在我们指出定语位置上的动词和形容词有时也具备这些所谓"名词的语法特征",那末象"来的目的""做气功的效果"等等格式里的动词和形容词所表示的语法意义又是什么呢?是表示"事物范畴"的呢,还是表示"性状范畴"的呢?这个问题需要名物化论者来回答。

  7.2 在我们看来,名物化的说法不仅在理论上站不住,在实际的语法教学上也是没有意义的。先告诉学生说哪些词是动词,哪些词是形容词,等到这些词放到主宾语位置上去的时候,又说它们转成了名词,或取得了名词的语法性质,其实直捷了当地告诉学生动词形容词都能作主宾语要容易懂得多。当主宾语位置上的动词和形容词本身带着状语、补语、宾语等成分时,问题就更复杂了。黎锦熙先生说单个儿的动词形容词作主宾语时,"干脆说,就是名词",如果前后带着状语、宾语、补语等等,那么,整个词组是名词性的,其中的动词和形容词的语法性质不变,仍是动词形容词。① 按照这种说法,不但谓语位置上的动词和形容词跟主宾语位置上的动词和形容词性质不同,就是主宾语位置上的动词形容词性质也是不确定的,也要转类,而且转得非常厉害。比较:

(1) 去是有道理的。
(2) 不去是有道理的。
(3) 暂时不去是有道理的。
(4) 他暂时不去是有道理的。
(5) 他的去是有道理的。
(6) 他的不去是有道理的。
(7) 他的暂时不去是有道理的。

动词"去"在(1)里转成了名词,在(2)(3)(4)(6)(7)里又还原为动词,在(5)里又变成了名词。动词性词组"不去"在(2)里转成了名词性词组,在(3)(4)(7)里又还原成为动词性词组,在(6)里又变成了名词性词组。动词性词组"暂时不去"在(3)里转成了名词性词组,在(4)里又还原为动词性词

---

① 黎锦熙、刘世儒《语法再研讨——词类区分和名词问题》(《中国语文》1960年12月号)。

组,在(7)里又变成了名词性词组。这样绕来绕去,不但从理论上说是缺乏根据的,而且对于学习的人来说,更是难于理解和掌握的。

(《北京大学学报·人文科学》1961年第4期)